METAL MÉLODIE

Cet ouvrage a été réalisé par les Éditions Milan,
avec la collaboration de Claire Debout et Astrid Dumontet.
Mise en pages : Petits Papiers
Création graphique : Bruno Douin

300, rue Léon-Joulin, 31101 Toulouse Cedex 9, France
Loi 49-956 du 16 juillet 1949
sur les publications destinées à la jeunesse
www.editionsmilan.com
ISBN : 978-2-7459-3867-1

Maryvonne Rippert

METAL MÉLODIE

MILAN

Aux adolescents… et à leurs mères.

À Coline, à Loïs, et leurs amis Couz, Céline, Kevin, Guillaume, Marine, Alix, Séverine, Chloé et tous les autres !

À Guy B., Martine M.-S., et Pascale C.

Prologue

Lorsque Luce descendit du train, la chaleur lui explosa au visage. Une chaleur dure, sèche, sans compromis, qui lui pesait sur la nuque alors qu'elle déposait à grand-peine son sac sur le quai. Pourtant, il était à peine 9 h 30 du matin. Dix-huit heures de voyage – sans compter les correspondances – la déversaient, tête bourdonnante, pensées hébétées, abrutie de sommeil, dans la gare de Grenade.

L'odeur bien particulière des villes espagnoles la saisit. Mélange de fleurs d'oranger, de goudron fondu, d'huile d'olive chaude, d'eau de Cologne. Luce remonta le quai en tirant son sac derrière elle. Des gens la bousculaient, Madrilènes dédaigneux en visite, banlieusards affairés, touristes empotés. Le haut-parleur débitait d'une voix pétaradante de femme pressée des indications que Luce ne comprenait pas. Qu'importe, elle était arrivée. Maintenant, elle devait retrouver le contact qu'Inès avait laissé à Moony.

La fatigue lui serrait les tempes. Luce sortit de la gare, regarda d'un côté puis de l'autre, et elle se mit à marcher droit devant, comme si la ville lui était familière. *Arrête, ça ne sert à rien d'aller ainsi au hasard. Renseigne-toi...* Oui, oui, dès qu'elle pourrait, elle essaierait de se repérer sur ce plan que Moony lui avait imprimé sur Internet. Celle-là ! Elle aurait recopié à la main l'annuaire de Grenade pour se faire pardonner.

La colère la fit accélérer. Digérer l'affront qu'elle avait subi ? Jamais. Inès avait bien caché son jeu, et Moony aussi. Quant à Léo, rien qu'au souvenir de ce qui s'était passé, la honte lui mordait le ventre.

Luce marcha encore un moment, le temps de se calmer, avant de s'arrêter sur une placette ombragée. Se poser, boire quelque chose à cette terrasse de café. Pourquoi pas. Elle avait faim. Son dernier sandwich, avalé entre Toulouse et Perpignan, n'était plus qu'un souvenir. Un jeune barman se faufila entre les tables avec la prestance de Jesulin de Ubrique, le torero le plus célèbre de Grenade. Il débita une phrase incompréhensible.

Elle bredouilla :

– *Sí, no, no sé*[1].

Le serveur proposa alors dans un français approximatif :

– Du « tchocolatt » avec des *churritos*[2] ? *Muy rico,* très bon.

Luce accepta.

Le garçon de café lui rapporta une tasse fumante d'un chocolat épais légèrement parfumé à la vanille et

1. Oui, non, je ne sais pas.

2. *Churros* : beignets. *Churritos* (terme affectueux) : petits beignets.

une assiette débordant de beignets dorés. Bienvenue en Espagne. Requinquée, Luce déplia son plan et le contempla, incrédule. Cette idiote de Moony lui avait refilé une carte des monuments touristiques de Grenade. Les rues n'étaient même pas détaillées. À l'adresse supposée, elle avait juste tracé une croix signalée d'une flèche, au milieu de nulle part…

À cette heure de la matinée, la terrasse se remplissait d'employés de bureau s'accordant une pause. Des *señoras* permanentées, la cinquantaine dodue et volubile, s'étaient assises à côté d'elle et s'empiffraient de churros en caquetant. Elles la détaillaient sans se gêner. Luce ne comprenait rien. Son espagnol scolaire montrait ses limites devant la diction étrange des Andalous. Les gens du sud de l'Espagne escamotaient la fin des mots. On aurait dit qu'ils avaient oublié leurs dentiers sur leur table de nuit! Une des *señoras* lui sourit. En retour, Luce s'enhardit:

– *¿ Dónde está el camino del Sacromonte, por favor*[3] *?*

La plus âgée de ces dames roula des yeux consternés. Se penchant vers elle, elle lui serra le bras d'un geste amical. De la bouillie verbale qui s'ensuivit, Luce crut saisir une seule chose: *Muy muy muy lejos, pobrecita*[4]… Apparemment, ça faisait une trotte.

Les Espagnoles paraissaient toutes d'accord. «*No*», Luce ne pouvait pas y aller à pied. La plus maigre héla le garçon de café. Celui-ci mit le cap vers elles, le plateau à la main, esquivant les chaises des clients en souplesse.

3. Où se trouve le chemin du Sacromonte, s'il vous plaît ?
4. Très très très loin, pauvre petite !

À la cadence d'une mitraillette, elle lui expliqua la situation en entremêlant son discours de «*pobrecita*» et de «*tan joven*[5]» que ses collègues appuyaient de «*sí*» et de «*claro*» approbateurs. Avec lassitude, le garçon traduisit à Luce d'un ton désabusé :

– Tu ne peux pas y aller comme ça. C'est la colline des gitans. Les *señoras* s'inquiètent.

Une grosse femme à la teinture blonde l'interrompit. Comme elle insistait, le garçon soupira, le regard fixé, n'importe où, ailleurs, loin de ces vieilles qui lui faisaient perdre son temps et de cette gamine habillée comme la veuve du démon.

– Cette dame dit que sa cousine habite là-bas. Va la voir. Elle loue des chambres, pas cher. Tu ne dois pas traîner, *solita*, toute seule, au Sacromonte. C'est dangereux.

Dépassée par le débat qui commençait à se propager aux autres tables, Luce se demandait comment abréger l'échange. Elle se défendit faiblement :

– Je viens voir ma mère…

Le serveur traduisit l'information à l'assemblée. La grosse blonde, pas convaincue, lui tendit une carte avec un numéro de téléphone écrit à la hâte :

Casa de huéspedes Lola la Saetera, barranca del sol 86[6].

Un peu étourdie, la jeune fille se leva et reprit son sac. En se retournant pour remercier, elle vit les quatre femmes qui, opinant toujours du bonnet, lui désignaient

---

5. Si jeune.
6. Chambres d'hôte Lola la Saetera, n° 86, sentier du Soleil.

d'un même geste l'angle de la place où se situait l'arrêt de bus.

Luce était à Grenade. Le chemin avait été long depuis ce soir de mars où elle avait trouvé la lettre…

GLOOMY

1

Saint-Genis, fin mars 2006

Si elle râle, c'est clair, cette fois, je me casse ! Repoussant sa mèche violette, Luce bloqua sa respiration comme si elle allait plonger dans un bain glacé. *C'est vrai quoi, je suis même en avance pour le dîner…*

Les lumières étaient éteintes. Dans la cuisine impeccablement rangée, aucun préparatif n'augurait du repas.

– Fait ch', grogna Luce en tordant la bouche.

Aïe ! Ce nouveau piercing à la lèvre lui faisait un mal de chien. À la volée, l'adolescente se débarrassa de son écharpe et des bottines qu'elle avait délacées avec soulagement. Puis elle alluma la télé.

Hier, chez Requin, c'était trop top. À peine la soirée démarrée qu'il était minuit ! Le temps de s'éclater un peu, il était déjà deux heures. Trop tard pour prévenir qu'elle dormirait sur place.

Elle est où, d'ailleurs ? Si j'avais su, je ne me serais pas dépêchée…

En socquettes, Luce alla récupérer son portable dans le manteau noir qu'elle avait abandonné dans l'entrée. Oui, sa mère avait bien essayé de la joindre, à 17 h 03. Comme d'habitude, elle ne lui avait pas laissé de message. À quoi bon ? Sa fille ne les écoutait jamais. *Dix-neuf heures. Mom devrait être là, tout de même. Je fais quoi, moi, j'ai faim !*

L'adolescente se leva, éteignit la télé d'un geste. Le silence s'installa.

Un je-ne-sais-quoi d'inhabituel s'était insinué dans l'atmosphère de la maison. Luce fronça le nez. Inès lui avait-elle parlé d'un quelconque projet de sortie ? Non.

Bizarre.

Seule sa chambre était telle qu'elle l'avait laissée. Tapissée d'affiches sombres aux caractères gothiques, chargée d'un parfum d'encens et de cigarettes blondes refroidies, le lit jonché de la brassée de vêtements qu'elle avait essayés avant de se décider sur sa tenue pour aller chez Requin. Tout le désordre que sa mère pourchassait semblait avoir trouvé refuge ici.

Sur le bureau où elle ne s'installait jamais pour travailler, la lettre l'attendait.

« Luce,

Le journal m'envoie en Australie. Quand tu liras ces lignes, je serai sans doute dans l'avion. Je déteste les séparations, tu le sais. N'aie pas de regrets, c'est sûrement mieux ainsi. J'ai tout organisé. Une somme sera versée sur ton livret jeune, le loyer est payé, les charges sont prélevées sur mon compte. À toi de gérer le reste. »

Quoi ? L'Australie ? Mais c'est le bout du monde ! Les doigts de Luce ratissaient machinalement sa chevelure ébouriffée. Une de ses bagues s'y emmêla. Le feuillet atterrit sur le sol. Tout occupée à libérer son bijou sans faire de dégâts, la jeune gothique se pencha pour lire la suite en grimaçant.

« Tu clames haut et fort que tu rêves de ton indépendance. Tu l'auras. Quatre mois pour t'exercer. Tu viens d'avoir 16 ans. Après tout, moi, à cet âge, je travaillais déjà. En cas de soucis, tu pourras toujours t'adresser à Sophie, même si je sais que tu n'apprécies guère ma secrétaire… »

Quatre mois ! C'est hyper long ! Sans me prévenir ?

« Je te donnerai des nouvelles. Mais pas par téléphone, ni avant quelque temps. J'ai vraiment besoin de prendre du recul. »

Ça alors ! C'est trop ! Entre colère et chagrin, Luce se mordillait la lèvre. La douleur de son piercing lui fit monter les larmes aux yeux.

Le cadre familier soudain lui parut plus vaste, plus froid, muré dans un silence réprobateur. Le salon exhalait comme un parfum d'absence. Sans les voir, l'ado parcourut les pièces au design dépouillé, ouvrit la porte du frigo américain chargé jusqu'à la gueule. *Mom s'est tirée, c'est ouf !* Sur la cheminée, la photo de Luce dans les bras de son papa avait disparu, ainsi que certains bibelots. C'était ça, peut-être, qui donnait cette subtile impression de vacuité. Dans le séjour, le secrétaire était rangé avec soin. Sur la tablette trônait la clarinette dans son étui.

Inès avait sorti l'instrument de sa retraite.

Ah, cette clarinette ! Dès 5 ans, Luce avait été inscrite à l'école de musique. Personne n'avait pensé à lui demander son avis. Pas de chance pour la gamine, elle était plutôt douée. En témoignait la collection de photos immondes de chacune de ses prestations en robe de velours de petite fille modèle, nœud dans les cheveux et socquettes blanches à volants, louchant sur le bec de sa clarinette, l'air idiot. À 13 ans, Luce avait refusé tout net de retourner en cours. Sa mère pouvait toujours courir.

Elle courait d'ailleurs. L'Australie… quel délire!

Au moins, j'aurai la paix.

Ces derniers mois, leurs relations s'étaient épuisées dans un conflit dont chacune sortait exsangue. Tout accrochait, tout était prétexte à de petites escarmouches ou de brutales échauffourées. Pourtant, en travaillant sa mère à l'usure, en jouant le chantage affectif, en alternant scènes violentes et négociations serrées, Luce finissait toujours par obtenir ce qu'elle voulait.

Sauf une fois: Inès avait refusé tout net qu'elle se fasse tatouer une chauve-souris sur l'épaule. L'occasion d'une dispute sanglante, une de plus. «Tu comprends rien, Mom! On dirait que t'as jamais été jeune. Tu m'étonnes qu'aucun mec veuille de toi…» La gifle avait claqué. Luce s'était barricadée dans sa chambre. Ulcérée, la joue brûlante, elle avait refusé d'ouvrir à celle qui, derrière la porte, bredouillait des excuses.

Un frémissement de rage secoua la jeune gothique.

La mother est définitivement larguée, une vraie tare… Bon vent!

Du revers de la main, Luce s'essuya la joue. *Je vais pas chialer quand même, non mais!*

À la pendule de la cuisine, il était 19h30. «Attends, on mange dans une demi-heure, ne te bourre pas de cochonneries… » Luce releva le nez, renifla, haussa les épaules, évacuant par ce geste le fantôme maternel. Puis elle s'attaqua à la boîte de céréales au chocolat.

À partir de maintenant, je fais ce que je veux.

2

– Pour quatre mois ? Énorme ! C'est pas à moi que ça arriverait…

Dans le portable, la voix d'Apolline grésillait d'enthousiasme.

– OK, j'arrive…

Après la lecture de la lettre, Luce s'était précipitée sur Internet pour consulter le site de la banque. Plus pour s'assurer qu'Inès ne lui faisait pas une blague que par intérêt. La somme affichée sur l'écran la stupéfia. Sa mère avait vu large, très large.

Pendant qu'elle s'activait sur son compte MSN, l'adolescente prit conscience, avec un vague malaise, qu'aucun bruit familier d'une vie autre que la sienne ne rompait le silence de la maison. Le réfrigérateur se déclenchait à intervalles réguliers, accentuant plus qu'il ne l'atténuait le sentiment de solitude qui étreignait Luce peu à peu. Meubler le silence. L'expression prenait tout son sens, le silence *était* vraiment une maison vide… Tapant à toute allure, elle activa le plan B, celui qui signalait aux copains les appartements désertés par les parents pour le week-end. La bande ne mit pas longtemps à la rejoindre.

À présent, Pantin, vautré sur le canapé, les pieds chaussés de New Rock cloutées posés sur la table basse, sirotait une bière, sa clope en équilibre sur le bras du fauteuil. Marina, tout de velours noir vêtue, façon gothopouf, faisait l'inventaire des DVD. Blottie contre son nouvel amoureux, Sandra regardait dans le vide, délicieusement blême, une moue désabusée errant sur sa bouche peinte en noir. Et puis tous les autres… Luce les connaissait moins. Un assemblage indistinct que *Metalmonk Funeral* enivrait de son screamo d'outre-tombe. Leurs yeux charbonneux trouaient de beaux visages blafards, les piercings luisaient, mordaient sur les lèvres, les sourcils, les narines, les nombrils dévoilés. Certains dansaient.

Tranchant sur la symphonie en noir et blanc, une fille trouvée devant la porte avec son chien tutoyait sérieusement la bouteille de whisky. Affublée d'un fuseau années soixante vert pomme et d'un pull en grosse laine fuchsia, elle ne passait pas inaperçue. Dans l'entrée, son sac à dos crasseux régurgitait un duvet bleu malodorant. La meuf s'empiffrait de parts de pizza comme si elle n'avait pas mangé depuis deux jours, ce qui était peut-être le cas après tout. Lui tenaient compagnie deux jeunes au look rappeur, de la cité voisine. On ne savait plus qui les avait fait entrer.

– Trop fun, ton futal, tu l'as trouvé où ? gloussa Marina, un peu fracassée.

– Emmaüs, répondit sobrement la fille en séchant son verre cul sec.

Marina fronça le nez en regardant autour d'elle.

– Y a pas comme une odeur, là ?

La zonarde rigola :

– Ça doit être mon chien. Il ballonne. À moins que ça soit moi qui travaille du fumet. À ton avis ?

Marina prit le large, sans demander son reste.

Luce parlait fort, et riait trop. Mais quelque chose en elle restait aux aguets. Bien qu'il ne soit guère dans son goût de faire la police, elle avait dissuadé Requin de prononcer un discours apocalyptique, tout nu sur la table du salon. À présent, elle surveillait du coin de l'œil un des rappeurs qui confectionnait des spliffs de bonne taille pour les céder dans des transactions qu'elle devinait avantageuses. *Oh, ils sont grands, je vais pas m'en mêler.* La pièce se chargeait de lourdes volutes de fumée et de rires compulsifs. Pas moyen de se détendre. Chaque fois qu'on sonnait à l'entrée, elle tressaillait comme si sa mère allait surgir à l'improviste. *Idiote, elle est loin et pour longtemps. C'est cool.*

La SDF venait de s'éclipser dans la chambre d'Inès avec un des mecs à casquette.

– Non, mais vous gênez pas ! se révolta Luce.

Personne ne l'entendit, et elle se sentit ridicule. Pantin en profita pour glisser une main paresseuse dans son soutien-gorge. Luce le repoussa, exaspérée.

– T'es pas cool… grogna-t-il en se retournant sans plus insister vers Marina.

La musique cognait fort dans les baffles. *Chouette soirée.* Oubliant son étrange morosité, Luce se leva pour danser, encouragée par Apolline qui se balançait sur place, ondulant comme un succube un soir d'Halloween. Les autres les rejoignirent. Il ne fallait plus compter sur Pantin et Marina ; l'affaire n'avait pas traîné, ils se ventousaient à pleine bouche sur le canapé.

On sonna à la porte.

Beau comme un ange de l'enfer, les mains dans les poches, un garçon foudroyait Luce de son regard sombre. Il devait avoir dans les 18 ans.

– Salut, beau prince ! glousse-t-elle, un peu partie.

Le type ne lui concéda pas l'ombre d'un sourire. La fête qui se déroulait à l'intérieur lui arracha une moue dubitative.

– Vous faites trop de bruit. Ma mère a la main sur le téléphone pour appeler les keufs de garde.

Le garçon haussa un sourcil interrogateur.

– Vous fêtez quoi ?

– Un départ ! Entre !

– Non merci, j'ai passé l'âge des bals costumés.

Luce lui décocha son regard le plus noir. Cheveux frisés lui tombant sur les yeux, façon chien fou, veste tibétaine de laine moelleuse, l'intrus affichait toute la panoplie du néobab. Dommage. Lui-même ne se privait pas de détailler sans vergogne la lourde croix d'argent qui tutoyait un blason celtique entre les seins de la jeune fille.

– Croyante ?

– Idiot, ça n'a rien à voir, c'est…

Qu'est-ce que j'ai à me justifier ? se dit Luce en haussant les épaules. *Je lui demande s'il soutient le dalaï-lama, moi ?*

– T’es sûr que tu veux pas rentrer ?... Eh ! Merci de m’avoir prévenue ! C’est quoi ton prénom ?

– Léo !

La porte claqua. Pour Luce, la soirée, soudain, avait moins d’attraits. Elle baissa le son de la chaîne. Quelques ados jetèrent un coup d’œil furtif à leurs portables. Vampires et sorcières avaient tous des mères douées de pouvoirs redoutables. À la moindre incartade, elles étaient en mesure, d’une seule imprécation, de les précipiter sans merci dans un monde glacé privé d’Internet, de jeux vidéo, et, pire, du prochain concert de Sepulcral Deer. Alors, ils s’éclipsèrent les uns après les autres, non sans prendre soin de glisser au fond de leur sac à dos les accessoires les plus voyants de leur appartenance gothique.

Luce se retrouva seule. Canettes vides gisant sur le tapis, cendriers qui débordaient de mégots, CD traînant sans leurs pochettes, assiettes en carton maculées abandonnées un peu partout... On aurait dit qu’un conteneur d’ordures avait été éparpillé dans le salon d’Inès.

Tant pis, je suis trop crevée, je rangerai demain.

La tête lourde, elle entra dans sa chambre. Galère, quelqu’un avait renversé un cendrier sur sa couette...

Elle épousseta sommairement la cendre, ramassa les mégots, jeta le tout dans la corbeille à papier, et se coucha tout habillée.

3

À 7 heures du matin, le radio-réveil se déclencha sans pitié. D'un coup, le souvenir acide de la soirée remonta à la gorge de Luce. Bouche en carton, casquette de plomb, sa tête pulsait douloureusement.

Poussée par la force de l'habitude, elle se leva. L'adolescente ne détestait pas l'école. Si elle avait redoublé sa seconde, ce n'était qu'un accident de parcours « lié à son immaturité ». Au lycée, la vie était simple. Une fois sur les rails de l'emploi du temps, il n'y avait qu'à se laisser remorquer de cours en cours. Le train-train de la classe lui procurait un havre où étaient canalisés les conflits, les désirs contradictoires qui la tiraillaient.

L'adolescente se glissa sous la douche brûlante. Vite, il fallait qu'elle se lave les cheveux. Une mousse violette teinta de reflets bleutés son corps menu et pâle alors que le shampoing s'évacuait à ses pieds. *Un jour, je ferai un piercing sur le sein.* Pour l'instant, rien que l'idée lui recroquevillait les orteils…

L'absence maternelle la cueillit, par surprise, dans la cuisine.

Le comptoir surchargé de vaisselle sale, les verres où flottaient des mégots détrempés, les emballages de pizza maculés de gras... Le spectacle lui donnait envie de vomir. Luce dégagea un coin de table pour poser son bol, parcourut la pièce d'un regard découragé. L'horloge du four la rappela à l'ordre. Plus le temps, elle verrait ça ce soir.

L'adolescente tira la porte derrière elle et traversa le jardin. L'air était limpide et frais, les lilas blancs d'Inès pointaient leurs boutons verdâtres. *Elle n'en profitera pas.* En longeant la maison mitoyenne, le beau visage du voisin lui revint à l'esprit. Comment s'appelait-il déjà? Léo. Pas un marrant. Sa façon de dire «J'ai passé l'âge des bals costumés» avec cette moue dégoûtée! Bêcheur. Au fait, n'était-il pas le fils de cette femme commissaire, enfin une sorte de super-flic, qui avait emménagé l'été dernier? Inès la connaissait un peu. Luce n'avait jamais eu l'occasion de les rencontrer dans le quartier. Son fils devait faire ses études ailleurs... Léo, Léo.

Pas terrible d'avoir pour voisine une keuf capable de mobiliser ses troupes en un clin d'œil. Une nuit au poste, ça aurait été une sacrée façon pour Luce de fêter sa magnifique liberté! Sans compter qu'Inès n'aurait pas été là pour calmer l'affaire. L'adolescente frissonna. Elle n'avait rien fait de mal... Pourquoi se sentait-elle si honteuse? Que fait-on des mineurs quand les parents ne viennent pas les réclamer? La réponse lui parut évidente: on les boucle dans un foyer. *Faut que je fasse gaffe.*

Lorsqu'elle rentra chez elle à midi, l'odeur de tabac froid et de bière rance la suffoqua. Pas possible, quelqu'un avait dû gerber quelque part… Luce s'attaqua au ménage, s'activant avec une énergie rageuse. *Ah oui, je vais lui montrer, tiens. Je suis tout à fait capable de me débrouiller seule ! Quatre mois ! Et sans prévenir… je lui ferai payer…* Puis, éreintée, l'adolescente s'affala sur le canapé. *La prochaine fois, je demande aux autres de me filer un coup de main… Merde ! un trou de cigarette, Mom va me tuer…* et le silence de la maison s'abattit sur elle.

Comment en étaient-elles venues à se faire la guerre ? La jeune gothique aurait bien été incapable de remonter à la source de leur conflit. Elles avaient toujours vécu seules. Seules pour les vacances, seules pour aller au cinéma, seules pour les fêtes. Repliées sur elles-mêmes dans la vaste demeure organisée à l'image d'Inès : nette, esthétique, solitaire. Elles n'avaient aucune famille, ni du côté paternel ni du côté d'Inès. Pas de repas bruyants avec oncles, tantes et grands-parents. Peu d'amis, seulement quelques relations de travail pour qui Inès confectionnait des dîners raffinés au son des *Variations Goldberg*[7]. Luce étouffait dans ce tête-à-tête épuisant sous le regard critique et exclusif de sa mère. Peut-être aurait-ce été différent si son père n'était pas mort si tôt ?

Inès ne parlait jamais du passé. Rien. Le black-out. Comme si l'accident de François Vignal avait jeté un voile noir sur tout ce qu'était sa vie avant. Seule avec sa fille à peine âgée de 5 ans, elle avait été obligée de faire

7. De Jean-Sébastien Bach.

face. Alors elle s'était forgé une solide réputation, grâce à une volonté inoxydable, une énergie contrôlée, une culture d'autodidacte qu'elle sanglait dans l'armure de respectabilité de petits tailleurs à la coupe stricte.

Pourtant à la maison, Inès troquait son blindage professionnel contre une jolie panoplie de mère pot de colle. Tant que Luce était petite et docile, le système avait fonctionné. La fillette avait croulé sous les attentions, cadeaux, livres, disques, places de concert gratuites que la journaliste recevait au journal. Et même à présent, sa mère continuait à lui beurrer ses tartines alors que Luce avait 16 ans et des poussières ! Le thermostat des sentiments déréglé, Inès se montrait teigneuse d'un côté, carpette de l'autre. Mais une carpette qui, depuis quelque temps, ne se privait pas de critiquer les goûts de sa fille. Rien ne trouvait grâce à ses yeux. Ni les vagues tentatives culinaires de Luce, ni sa façon de s'habiller, ni ses goûts, ni bien sûr ses amis. À la maison, Bach bataillait ferme avec les flots de musique métal qui s'échappaient de la chambre de l'adolescente. Et jusqu'à présent, personne n'avait gagné.

Luce n'arrivait plus à concevoir qu'elles aient pu partager, un jour, la douceur d'être ensemble, la complicité des sourires, la rondeur plumeuse d'un câlin. Elles avaient oublié l'époque où la fillette admirait sa maman par-dessus tout, quand celle-ci opposait le rempart de ses bras en berceau à la dureté du monde, aux chagrins, à la mort…

Au point qu'Inès n'avait pas hésité à la lâcher pour s'envoler de l'autre côté du globe. Son amour maternel n'avait pas pesé lourd face à l'attrait d'une promotion juteuse.

Lâcheuse.

Luce poussa la musique à fond. *Metalmonk Funeral, y a pas mieux.* Avachie sur le canapé, elle tâtonna à la recherche de son portable. Personne n'avait essayé de la joindre.

Bon, faut pas que je tarde si je veux manger quelque chose avant le lycée…

La vie continue.

Tout en pianotant un texto à Apolline, elle se dirigea vers la cuisine. Lorsqu'elle détacha enfin les yeux de son portable, la surprise faillit le lui faire lâcher.

– Qu'est-ce que tu fous là ?

Attablée devant un pot de Nutella à moitié vide, la zonarde au fuseau vert pomme s'attaquait à une énorme tartine. À ses pieds, son chien léchait avec enthousiasme un carton de pizza qu'il avait sorti de la poubelle.

– Ton cabot dégueulasse tout ! hurla Luce, hystérique.

– Hé, cool, gothelette ! Ça faisait longtemps que j'avais pas aussi bien dormi… Et la baignoire ! Géniale avec tous les petits jets… T'en veux ? proposa-t-elle en montrant le Nutella.

– Non merci. Tu peux pas rester ici. Faut que tu t'en ailles.

La fille regarda Luce, de ses yeux plissés de myope.

– Pourquoi ? Ta vieille globetrotte pour un bail, tu vas pas squatter cette baraque toute seule ?

Grande, le cheveu filasse, des restes d'acné sur le menton et les tempes, l'intruse avait pourtant un je-ne-sais-quoi de familier, comme s'il était normal qu'elle soit là, installée à cette table. Elle se resservit du café sans plus s'occuper de l'adolescente ébahie. Un tatouage bleu serpentait sur son bras nu. Elle sentait…

– Non mais, t'es gonflée ! Tu as piqué le parfum de ma mère !

– Et alors ?

La fille ne semblait pas décidée à remettre en question sa présence dans la maison. D'ailleurs, la bouche pleine, elle précisa :

– J'ai fini le shampoing, faudra penser à en racheter.

4

De temps en temps, Luce s'installait sur le perron pour être tranquille. La maison ne lui appartenait plus vraiment. La fille s'était incrustée pour de bon. Oh, elle n'était pas désagréable, Moony, mais elle ne faisait rien de ses journées, traînait beaucoup avec son copain, et c'était bien là le problème. Jordan était macho, paresseux comme une couleuvre, et – pour faire bon poids – un dealer patenté. Son téléphone n'arrêtait pas de sonner, des individus passaient et repartaient en coup de vent. Un jour, en entrant dans la salle de bains, elle en avait même surpris un qui se shootait.

Glauque.

Grand seigneur, Jordan lui avait proposé de sa dope : « Pour toi, c'est gratuit, pépette ! », mais Moony s'était interposée avec une énergie qui ne lui était guère habituelle : « Goûte pas à ça, c'est de la merde ! » Et la jeune squatteuse avait veillé à ce que plus jamais il ne recommence.

Virer tout ce petit monde, Luce avait bien essayé, mais Jordan lui fichait les jetons et Moony réagissait à chacune de ses offensives avec un placide détachement. Seule concession à leur cohabitation, l'ex-SDF avait accepté de décrasser son chien. Résultat : une salle de bains transformée en piscine, la moquette du couloir détrempée, et un cabot traumatisé qui hurlait à la mort chaque fois qu'il entendait la douche fonctionner.

Il puait toujours autant.

Peu à peu, les copains de Luce avaient déserté la maison. À cause de ses squatteurs peu reluisants ? Les parents leur avaient-ils proscrit l'endroit ?

Luce faisait les courses, remplissait le frigo que Moony et son chéri vidaient à la même cadence, puis se calfeutrait dans sa chambre. Là, au milieu de ses murs tendus de velours grenat, ses photos de monuments mortuaires et de cimetières anglais, elle écoutait au casque *Metalmonk Funeral*. Seuls les rythmes lourds du métal tenaient à distance la boule d'angoisse qui l'écrasait depuis des semaines, depuis toujours peut-être. Que valait cette vie ? Rien. Sa mère courait après le fric, la réussite professionnelle, le temps qui lui manquait pour tout... Dans quel but ? Ça se terminerait de la même manière pour tout le monde, au fond d'une caisse de bois verni doublée de satin. Seule la mort était belle et vraie en définitive.

Parfois, Luce se demandait pourquoi lutter. Rien ne l'attirait de cette existence. Personne ne l'aimait. Elle avait quelques copains, oui, mais elle se sentait en décalage. Toujours. Malade d'appréhension à chaque pose de piercing, incapable de sauter le pas comme certains de ses potes pour oser des scarifications, détestant le jeu du foulard qu'elle avait toujours réussi à esquiver au collège, par peur d'y rester. Une vraie nouille. Et pour tout avouer, elle mourait de trouille à l'idée de sortir pour de vrai avec un garçon. Quelques petits bisous avec la langue, c'était toute son expérience ! Si sa mère l'avait su, elle aurait moins flippé, elle qui laissait ostensiblement traîner une boîte de capotes dans la salle de bains. De temps en temps, Luce en prélevait une, pour donner du grain à moudre à la *mother* et la voir s'étouffer de questions.

C'était le bon temps, finalement.

Un soir, alors que, perchée sur la troisième marche du perron, Luce regardait sans les voir les mauvaises herbes qui envahissaient les plates-bandes, son joli voisin était venu s'asseoir à côté d'elle. Léo se montra cool et, pour tout dire, sa conversation et son allure décontractée de hippie BCBG changeaient Luce des transactions et du look total caillera de Jordan.

À 17 ans, Léo était déjà en prépa d'ingénieur. Une tête ! Il partageait avec Luce le fait d'avoir grandi dans une famille monoparentale. Vivre le quotidien d'une femme *grand-flic* qui accrochait son flingue au portemanteau de l'entrée comme d'autres y poseraient leur écharpe avait découragé les velléités paternelles.

Assis tout contre Luce, le regard pensif perdu dans le massif d'iris en fleurs, Léo lui parlait de ses ambitions, de ses rêves. Elle lui confiait ses doutes.

Parfois, par la fenêtre de la chambre d'amis, filtraient des soupirs indiscrets. Il n'y avait pas d'heure pour que cette sacrée Moony fasse voir du pays à son horrible dealer. Sur le perron, les deux jeunes forçaient un peu la voix, grimaçaient un sourire gêné. Ils attendaient que ça passe, avant de reprendre leurs tranquilles confidences.

Ce soir-là, Jordan et un de ses « clients » les enjambèrent en sortant de la maison. Léo grinça :

– T'en as pas marre de ces zonards qui envahissent ta baraque ? Il suffirait que je dise un mot à ma mère et…

En bon fils de flic, Léo évitait de pénétrer à l'intérieur de la maison, comme si le diable s'y cachait. Luce protesta par pur esprit de contradiction.

– T'inquiète, je gère.

Façon de parler.

– *No news* de ta *mother* ?

Luce secoua la tête. Inès n'avait pas encore donné signe de vie. Quinze jours déjà qu'elle était partie et sa fille n'avait reçu ni une lettre ni même un courriel. Étrange.

Arrête de te monter la tête. Ça l'arrangeait de ne rien te dire. Elle savait que tu culpabiliserais.

La maison fonctionnait à peu près. Bon, l'argent filait à toute vitesse, il ne restait plus à Luce que 100 euros pour finir le mois, et on n'était que le 15. Ses squatteurs la ruinaient en bières et en pizzas surgelées. Mais au moins, ils apportaient un peu de vie à cette baraque sinistre. Sans eux, le quotidien de l'adolescente aurait été aussi riant que le parking du centre commercial un dimanche de pluie. En réalité, à part Léo et Moony, Luce n'avait personne. Personne. Aucun adulte vers qui se tourner. Et Inès n'était plus là… Pourquoi n'écrivait-elle pas ?

En écho à ses réflexions, Léo suggéra :
– Tu n'as pas essayé de lui envoyer un mail ?
Luce le fusilla du regard.
– C'est à elle de le faire ! Elle me teste, je te dis, elle se venge. Elle croit que je peux pas vivre sans elle. Pourtant, depuis qu'elle est partie, je respire. Elle me pompait l'air. C'est plus cool comme ça.
Puis elle ajouta après un silence :
– Si tu savais ce qu'elle disait de mes amis…
Léo risqua d'un ton prudent :
– Avoue qu'ils font un peu toc avec leur fourbi de zombies… Mais est-ce vraiment ça l'important ? Moi, si ma mère ne me donnait pas de ses nouvelles, je ne serais pas tranquille.
Le portable de Léo vibra dans sa poche. Il jeta un œil sur l'écran, avec un rire silencieux.
– Tiens, d'ailleurs, depuis qu'elle a découvert les textos, elle m'inonde de messages. Là, elle m'appelle pour le dîner ! Faut que j'y aille.
Le garçon se leva avec nonchalance. Luce le suivit d'un regard chargé de rancune. *Fourbi de zombies… Pffh. Quel beau pélo*[8] *quand même…*
Dans le salon, les pieds sur la table basse recouverte de bouteilles de bière vides, Moony regardait *Les Simpson* en mangeant une part de pizza. Celle-là, elle n'avait aucun effort de look à faire pour paraître punk à mort ! Ses vêtements de récupération dépareillés, sa tignasse jaune coiffée en pétard, ses pompes années cinquante…

8. Mec, type (argot ados lyonnais).

Luce connaissait des filles au lycée qui auraient payé une fortune pour les fringues qu'elle savait dénicher dans les dépôts d'Emmaüs. Le cabot haletait avec énergie, vautré à ses côtés. Il jappa plaintivement pour que Moony lui lâche un petit bout de pâte brûlée… La bouche pleine, la squatteuse proposa à Luce :

– T'en veux ? C'est pas la plus régalante. La prochaine fois, choisis une autre marque.

– Non mais, tu me prends pour l'héritière de Pizza Hut ? Tu crois que ça va durer longtemps, ce cirque ? Enlève tes pompes de cette table, et vire-moi ton chien puant !

– Cool, tit'goth, faut pas te fâcher… Il a pas été mimi avec toi, ton voisinou d'amour ? Ça te met les nerfs ? OK, OK, Moony va s'occuper de toi.

La fille posa le reste de sa part en équilibre sur le cuir crème du canapé, et commença à fouiller entre les canettes et les emballages de pizza jusqu'à dénicher sous le cendrier débordant de mégots une enveloppe un peu tachée de sauce tomate.

– Tiens, t'as du courrier…

Luce s'en saisit et alla se réfugier dans sa chambre. Elle jeta un œil distrait sur le timbre coloré où s'affichait l'inévitable kangourou australien et déchira l'enveloppe sans précaution. Le message était court :

Salut ma chérie. Je suis bien arrivée. Mon appartement n'est pas mal, je vois la mer, au loin… Demain, commence le travail pour lequel je me suis éloignée. Je suis un peu inquiète. Vais-je supporter la fatigue ? Enfin, qui vivra verra.

Ma douceur, tu es si loin que j'en ai le vertige… Pour l'instant, tu ne peux pas m'écrire, car mon adresse est provisoire.

Pense à moi demain, j'aurai besoin de ton soutien.

Je t'aime.

Inès

PS : Tu sais, lorsqu'on est loin, comme ça, nous viennent de drôles d'idées. Alors, si par malheur, il arrivait qu'un kangourou ou un crabe me grignote dans ce pays sauvage, sois bien persuadée que je te sais forte, capable de vivre une belle vie, car tu es douée pour le bonheur.

Luce laissa tomber la lettre, perplexe. C'est tout ? Quelques mots griffonnés à la va-vite sur une feuille déchirée dans un carnet ?

Nul.

Vraiment, Inès se fichait pas mal de ce qui pouvait lui arriver. Et ce « Pense à moi demain » absurde alors que la lettre était datée d'il y a quinze jours... Luce saisit son stylo.

Elle allait dire son fait à sa mère, tiens.

C'était idiot d'écrire sur papier, elle n'avait pas d'adresse ! Un mail serait plus simple. Pourquoi Inès n'y avait-elle pas pensé ? Luce rédigea un courriel rageur. Puis elle sortit.

Moony était toujours affalée sur le canapé, son chien serré dans les bras. Le clebs haletait, bouche ouverte, un filet de bave gouttait sur le tissu précieux des coussins. Luce allait protester – ce cabot fétide n'avait rien à faire dans la maison – quand elle s'arrêta tout net. De grosses larmes coulaient sur les joues de la squatteuse.

– Qu'est-ce qui t'arrive ?

– Jordan s'est fait coffrer. Un pote vient de me téléphoner, les keufs l'ont serré avec 30 grammes de poudre.

Ils n'ont pas cru que c'était pour sa conso... Il est en taule...

Luce s'approcha de Moony. Elle pleurait comme une fontaine, maintenant.

– Tu y tiens tant que ça? Il te traite plus mal que ton clébard, il ne te dit jamais un mot gentil! Toi-même tu dis qu'il te trompe dès qu'il le peut... Tu trouveras mieux, va.

– Tu peux pas comprendre... hoqueta Moony. Je sais qu'il n'est pas toujours très doux, mais quand j'étais dans la rue, il me protégeait des proxos... Je vais faire quoi maintenant?

– C'était un dealer, Moony, ça pouvait pas finir autrement...

– Tout ça, c'est la faute de ton pote. Il a bavé l'histoire à sa mère.

– Pff! Il se cachait même pas, ton pélo. Devant le portail de la flic, il vendait sa dope...

Luce s'assit à côté de Moony. Le chien lui balança un coup de langue affectueux. Elle le repoussa avec un soupir et tapota la main de la squatteuse.

– Arrête de pleurer, ma grande, pour le moment tu ne crains rien, tu es à l'abri...

– Et Jordan aussi!

Les deux filles se dévisagèrent et éclatèrent du même rire.

– Au fait, ta mère, elle va bien?

– Pas mal, marmonna Luce. Elle ne raconte pas grand-chose...

En se dirigeant vers la cuisine, elle lança par-dessus son épaule:

– Ça te dirait, une petite salade ? Il fait beau, on peut manger dehors !

Attablées dans le jardin, Luce et Moony bavardaient. On aurait dit que la tension accumulée depuis quinze jours était tombée d'un coup. Pour la première fois, l'adolescente s'intéressait à la vie de sa squatteuse. Oh, cela tenait en quelques tristes mots :

Moony était seule au monde. Retirée à sa mère dès l'âge de 6 mois, elle avait subi le circuit des pouponnières et des familles d'accueil.

– On est au moins douze que notre mère a abandonnés après chacune de ses aventures. Pas une mauvaise femme, un moineau, une tête de piaf. Y avait toujours un gredin de passage pour l'enceinter ! Elle accouchait, le mec la plaquait, elle oubliait le bébé… Jusqu'au suivant… Moi, quand on m'a prise à elle, j'ai galéré. Au début, je m'en souviens pas, mais dès que j'ai commencé à avoir des nénés, l'horreur ! Je te dis pas les familles « d'accueil » ! Le mari d'une des nourrices me coursait dans tous les coins… Il a fini par m'avoir.

La fille parlait avec une sorte de sombre détachement.

– Mais tu aurais dû porter plainte ! Tu avais quel âge ? s'exclama Luce.

– Douze ans… À quoi bon ? On m'a dit que le type avait calanché d'une cirrhose. Et puis, ils m'ont changée de famille. Dès que j'ai pu, j'ai tracé la route. On m'a pas beaucoup cherchée.

La suite se perdait dans le brouillard de la galère. Elle avait eu un amoureux, beau, grand, fort, tendre… Mais, passés les premiers émois, il avait voulu la mettre sur le trottoir. Elle s'était enfuie juste à temps. Il lui était arrivé de se vendre à l'occasion, mais vraiment, vraiment, quand elle ne pouvait pas faire autrement. Des types pas méchants qui lui glissaient quelques billets après les câlins, un échange de service en quelque sorte…

Le rythme des paroles de la fille était hypnotique. Moony se livrait. Elle était assez en confiance à présent pour décrire la rue, le chien qui n'avait toujours pas de nom, qu'elle avait trouvé dans une poubelle et qui en avait gardé l'odeur, les nuits passées à se planquer, parce que si c'est très dur d'être SDF, c'est encore pire quand on est une fille. Le froid, la faim, la peur.

– Et puis Jordan m'a trouvée. Ça fait un an que ça dure avec lui…

– Tu as quel âge ?

La fille eut l'air de compter et lâcha avec réticence :

– Vingt-deux aujourd'hui. T'sais, j'aime pas me dater, ça n'a fait plaisir à personne quand je suis née…

– Aujourd'hui !

Luce baissa la tête. Quelle tristesse de n'avoir personne avec qui fêter son anniversaire, se disait-elle en piquant un brin de laitue égaré dans son assiette vide. Tous les 7 février, Luce et sa mère feuilletaient l'album de sa naissance. Des images qui se décoloraient déjà. Le minuscule poupon renfrogné, couvé du regard par une Inès radieuse et fatiguée. Papa ouvrant ses bras à un bébé château branlant sur une terrasse du Sud. Au sommet des falaises d'Étretat, il grimaçait alors que la fillette sur ses épaules se cramponnait à ses cheveux. Luce, à 5 ans, sur le porte-bagages de son vélo à Belle-Île. Tous deux souriaient, à jamais. Il était beau et jeune. C'était la dernière photo. Après, il était mort. Avant que la tristesse ne s'installe, Inès refermait l'album et sortait les cadeaux.

Bien que Luce essayât de le repousser, le souvenir de son dernier anniversaire lui remonta à la gorge. Tout allait mal entre sa mère et elle, déjà... Pas de chance, la date tombait un vendredi et Inès devait travailler jusqu'à 20 heures. Luce avait prévu d'aller boire un pot aux *Revenants* avec Requin et Apolline. Elles s'étaient croisées dans la rue. En la voyant s'éloigner, Inès n'avait pas bronché. À 2 heures du matin, de retour dans la maison silencieuse, quand elle avait ouvert la poubelle pour jeter un pot de yaourt vide, Luce avait découvert le parfait au chocolat encore dans sa boîte enrubannée, gisant au milieu des épluchures. Sous son oreiller, un écrin joliment emballé l'attendait, et à l'intérieur, étincelant sur le satin bleu, une couronne elfique... celle qui la faisait rêver depuis des mois. Elle s'était précipitée vers la chambre d'Inès pour se faire admirer, mais la vision du pâle visage de sa mère sur l'oreiller blanc l'avait arrêtée devant la porte entrebâillée. La respiration régulière, Inès dormait. À présent, Luce comprenait qu'elle aurait dû la réveiller, se glisser dans la tiédeur du lit, se nicher entre ses bras aimants, comme lorsqu'elle était toute petite. Mais elle s'était éloignée, sans bruit, avec dans la bouche le goût acide de la culpabilité. Le lendemain, la colère était revenue. Ensuite, elle n'avait plus trouvé l'occasion de lui dire merci.

Luce prétexta le besoin d'aller aux toilettes. Un anniversaire sans cadeau, c'était nul ! Dans sa chambre, elle confectionna en toute hâte un paquet rudimentaire. Tant pis, le papier était celui de Noël, mais avec les bolducs, ça ferait l'affaire. En passant devant l'ordinateur, elle remarqua qu'un mail venait d'arriver. Son cœur fit un bond. Elle cliqua pour l'ouvrir.

Inès Capileira est en déplacement et ne pourra vous répondre. Pour tout renseignement, veuillez contacter Sophie Durand.

Obscurément déçue, Luce retourna à l'extérieur.

– Tiens, Moony, c'est pas grand-chose. Si j'avais su avant, j'aurais fait un gâteau…

La fille défaisait déjà le paquet, avec des petits gestes précautionneux.

– T'es folle, c'est trop beau… Ton baladeur… J'y crois pas !

Elle releva la tête, les yeux brillants de larmes.

– Ça fait chtite misère, dit comme ça, mais c'est la première fois qu'on me cadeaute…

Face à la fille qui installait les écouteurs sur ses oreilles, un sourire extatique sur le visage, Luce, un peu émue, grommela :

– Même ton Jordan, il t'a jamais rien offert ? Laisse-le pourrir en taule, c'est rien qu'un naze !

5

– Ce n'est pas que vos résultats baissent, Luce, mais votre attitude nous interroge. Vos professeurs vous trouvent distraite, détachée, comme si vous étiez absorbée par un problème trop difficile… Vous avez des soucis, mon petit ?

Mme André la scrutait avec sollicitude. La jeune fille détourna le regard. La professeure de français insista :

– Parfois, il est bon de se confier, ne pensez-vous pas ?

C'était une femme d'un peu plus de 30 ans. Son côté désuet, son phrasé cultivé faisaient bafouiller de timidité les lycéens les plus intrépides. Posés sur son élève, ses yeux verts ne cédèrent pas leur emprise. Luce déglutit. *Elle va convoquer ma mère !* Si le lycée s'apercevait que l'adolescente vivait seule, elle aurait les services sociaux sur le dos. Une brusque bouffée de rancune l'envahit. Pourquoi Inès l'avait-elle mise dans cette situation en la plantant là, alors qu'elle était mineure ? Le regard amical attendait. *Vite, bricole une histoire.* Luce bredouilla :

– Je suis désolée. Mon petit ami m'a quittée. J'arrête pas d'y penser.

Les yeux pailletés se voilèrent de commisération. Une peine de cœur… C'était donc ça… La prof soupira, satisfaite de pouvoir qualifier le comportement qui l'inquiétait.

– Luce, aucun mot n'est assez fort pour adoucir un chagrin d'amour… Lisez Éluard, qui, mieux que tous, a su chanter la souffrance de la perte… Je vous prêterai le recueil.

Mme André se leva, posa sa main délicate sur l'épaule de son élève.

– Je suis là, vous savez, ma porte est toujours ouverte…

La sonnerie de reprise des cours déclencha l'habituel tumulte dans les couloirs.

– Je dois me sauver ! Courage, Luce, je toucherai un mot à mes collègues. Essayez tout de même de sauver les apparences…

Ses talons claquèrent sur le carrelage, laissant la lycéenne soulagée et vaguement écœurée de son piteux mensonge.

Rentrée chez elle, elle raconta son entretien à Moony. La squatteuse changeait à vue d'œil. Elle continuait à affectionner le mélange fringues disco, tuniques indiennes et faux carrés Hermès patchoulisés, mais, à présent, tout était propre et impeccablement repassé. Son visage avait perdu ses tensions. Elle rassemblait ses cheveux blonds en macarons rigolos, qui lui donnaient l'air d'une Bavaroise foldingue.

– T'as bien joué. Un chagrin d'amour, ça excuse tout, les cernes, la tête à l'envers, et même les notes qui font le yoyo. Je te dis pas, si une assistante sociale te pitbullisait, tu serais mal… T'as fait les courses ? Y a plus rien dans le fridge !

– Au menu, coquillettes jusqu'à la fin du mois. Il me reste à peine 30 euros pour boucler…

– Quoi, pas de pizzas ?

– Tu vas me faire une crise de manque peut-être ?

Alors qu'elle prononçait ces derniers mots, la sonnette retentit.

Apolline et Pantin, un pack de bières à la main, se tenaient devant la porte.

– On s'est dit que ça faisait longtemps qu'on n'avait pas fait la teuf ensemble… Les autres arrivent…

En fouillant dans un tiroir pour chercher le décapsuleur, Luce balançait entre plaisir et rancœur. Ils l'avaient bien laissée tomber jusqu'à présent. Mais déjà *Metalmonk Funeral* emplissait la pièce, débordait par les fenêtres ouvertes. Les joints commençaient à circuler, les rires devenaient plus aigus. Toute la bande était là, comme une répétition de la première fête, et Luce réalisa que sa mère était partie depuis un mois déjà, et que, à part une lettre, elle n'avait pas de nouvelles.

Légèrement embrumée par la Desdichada qu'elle venait d'avaler, elle alla se réfugier à sa place favorite, sur la troisième marche du perron. Elle avait besoin d'entendre la musique, le bruit des voix tout en étant à l'extérieur. Luce se sentait cafardeuse. Pas la mélancolie que son univers gothique faisait planer sur elle au quotidien, non, un sentiment douceâtre, pesant, l'appréhension d'un vague danger mêlée à une impression de vide insoutenable. Elle était triste, voilà. Vraiment triste. Elle avait une chouette bande de copains, sa cohabitation avec Moony se passait plutôt bien. Qu'est-ce qui n'allait pas chez elle ? Elle se sentait si seule, si démunie…

L'agitation à l'intérieur ne l'attirait pas. Elle souhaitait simplement le calme d'une soirée de printemps.

– On va faire un tour ?

Luce ne l'avait pas entendu arriver. Léo s'appuyait avec nonchalance contre la rampe de l'escalier.

– Viens. Allons nous balader vers les hauts de l'Observatoire…

Il tendit la main et Luce se laissa faire sans résister. Tout plutôt que de rester en marge de cette fête qui aurait dû être la sienne. Contournant le bloc des maisons, ils se dirigèrent en silence vers le bois tout proche. La soirée était tiède. La rue résidentielle offrait ses façades sans histoires. Par les fenêtres ouvertes, on entendait les préparatifs des repas du soir et, sur les terrasses, des voisins qui surveillaient les braises d'un barbecue en buvant l'apéro. Tout était si doux et vivant ! La main ferme de Léo enveloppait toujours la sienne, et Luce n'avait aucune envie qu'il la lâche.

– Je ne comprends pas comment tu peux supporter ce folklore… attaqua le jeune homme, au bout d'un moment. Ces bagues à tête de mort, ces insignes gothiques, ces airs d'outre-tombe…

Luce soupira. Ils avaient déjà eu cette conversation mille fois. Ils s'engageaient à présent dans l'allée romantique d'un bosquet de hêtres surplombant la ville.

– Pour certains, c'est une mode, mais pas pour moi. Dans le gothique, je retrouve tout ce qui me serre la gorge tout le temps…

À quoi bon essayer de le convaincre, il continuait sur sa lancée, sans écouter les arguments qu'elle bredouillait.

– J'ai vu un de tes *amis* avec des scarifications plein les bras. Ça relève de la psychiatrie, ça…

– Gollum ? Si tu savais comme il souffre… Laisse tomber. J'ai pas envie de me disputer…

Dans un élan un peu maladroit, Léo entoura l'épaule de Luce.

– Tu as raison, on a mieux à faire.

Même si elle se sentait un peu froissée par les jugements à l'emporte-pièce du fils de flic, elle se blottit contre lui. On y était, il allait l'embrasser. Ce qu'il fit, sept pas plus loin. Immédiatement, Luce s'enflamma. En se lovant contre Léo, elle comprit qu'elle avait attendu ce moment depuis sa première rencontre avec le garçon.

Elle répondait à ses baisers avec délice. L'air était parfumé, la pénombre envahissait le sous-bois. Au loin, elle entendit un chien aboyer. À leurs pieds, les lumières de Lyon miroitaient comme un collier elfique le long du ruban obscur du fleuve. Léo souleva son tee-shirt. Les mains glacées sur sa peau brûlante la firent frissonner. Le souffle du jeune homme devint court, ses baisers se firent plus hardis, ses caresses précises.

– Viens, murmura-t-il, je connais un endroit…

Il l'entraîna vers une clairière dissimulée du chemin. L'herbe était douce, épaisse, un peu humide, constellée de primevères. On se serait cru au paradis, si ce n'était ces bouteilles de bière qui traînaient sous un buisson. Léo embrassait bien. Allongé tout contre la jeune fille, il la dénuda. Ses mains inconscientes et pressées envahissaient de petits territoires vierges qu'elle livrait sans résister. Le temps se diluait dans un engourdissement hypnotique. La réalité lui échappait. *C'est donc ici et maintenant*, pensa-t-elle alors que le poids du garçon l'écrasait. Docile, sous l'homme qui pétrissait ardemment ses seins, elle s'en voulait de sentir le caillou qui lui écorchait l'épaule et cette pousse de ronce qui lui griffait la hanche. Était-ce bien Léo, son ami paisible, qui malmenait ses chairs les plus tendres, la respiration oppressée, les doigts indiscrets ? Lui, ce type haletant qui se débarrassait en hâte de son jean ? Quand il défit la pochette du préservatif, Luce ferma les yeux. Tout de suite, une douleur sèche lui déchira le bas-ventre. Elle hoqueta. Suffoquée, la gorge serrée, luttant contre les larmes, elle se laissa chahuter par les assauts rapides. *C'est donc comme ça*, se dit-elle quand le garçon s'affala enfin dans un grognement satisfait.

– Cool, soupira-t-il en se renversant sur le dos.

Il respirait à petits coups, les lèvres légèrement retroussées dans un sourire de contentement. Étonné par son silence, il se redressa.

– Mais, qu'est-ce que tu as ?

Léo se pencha sur elle, devina dans le regard qui s'échappait ce qu'elle n'avait pas avoué. Chancelante, elle se leva et se rajusta rapidement. Elle ne désirait qu'une chose : être seule, se doucher, se glisser dans son lit, se pelotonner sous les couvertures avec son nounours râpé. Elle aurait bien aimé redevenir une toute petite fille. Mais c'était trop tard.

Mal à l'aise, Léo câlina Luce tout au long du chemin. Les baisers qu'il semait au coin de ses lèvres, dans son cou en lui susurrant des mots doux tentaient d'effacer sa précipitation passée. Peu à peu, Luce se détendait. Après tout, elle seule était responsable. Elle n'avait rien dit, il ne savait pas, il était si gentil. Heureusement qu'il avait eu la présence d'esprit de faire ce qu'il fallait pour les protéger… Elle aimait la proximité de son corps qui la frôlait à chaque pas, la senteur d'humus de leurs vêtements chiffonnés, les brindilles qui parsemaient encore ses cheveux de chien fou. Avec tendresse, elle les lui ôta, une à une. Le garçon l'enlaça :

– Tu ne m'en veux plus ?

De nouveau en confiance, Luce se serra contre lui.

Quand ils arrivèrent à la maison, celle-ci était étrangement désertée. Armée de l'aspirateur, Moony nettoyait le salon. Sans relever la tête, elle déclara :

– T'étais passée où ? Je les ai virés, ça commençait à dégénérer, ils mettaient le bazar partout.

Son ton de ménagère outrée était trop drôle. Luce pouffa :

– Il faut que tu te surveilles, Moony, tu t'embourgeoises !

– Facile de se moquer, le boulot se fait pas tout seul. Heureusement, Requin est resté pour m'aider. Pas vrai, Chou ?

Dans la cuisine, Chou s'activait à récurer la plaque électrique. Les gants de caoutchouc rose juraient un peu avec sa chemise à jabot. Il lança à la squatteuse un regard de pure adoration.

– Eh bien, ils se sont enfin décidés… ! marmonna Moony en suivant des yeux les deux jeunes gens qui s'engouffraient dans la chambre de Luce.

Elle décocha un sourire éblouissant à Requin.

– Laisse ça, Chou, viens te coucher, tu finiras après…

6

Sous le jet vigoureux de la douche, Luce se sentait renaître. La mousse qui s'écoulait dans le siphon évacuait avec elle le désenchantement de ne pas avoir vécu ce qu'il fallait. Oh, elle n'avait plus grand-chose à reprocher à Léo. Au lit, il avait été attentif et délicat. Mais c'était trop tard. Rien ne pourrait effacer la désillusion qui avait terni leur premier rapport. Pour le rassurer, elle avait dû simuler un plaisir qu'elle n'éprouvait pas.

Au matin, le portable de Léo avait sonné. Cinq minutes plus tard et un bisou sur le nez, il s'était évaporé. Sa mère…

Mon corps, mon corps de femme. Mon corps n'est pas différent d'hier, et pourtant, ce ne sera plus jamais le même, et il n'y a que moi qui le sais. Luce ne conservait de sa nuit qu'une vague gueule de bois assortie de bouffées de honte.

– Pas de quoi pavoiser…, soupira-t-elle en fermant le robinet.

Brusquement, pommeau de douche à la main, un manque violent lui tordit le cœur. *Maman… Pourquoi tu n'es pas là ?* Un sentiment aigu de solitude l'écrasa. Et soudain, l'incongruité de la situation lui sauta aux yeux.

Idiote, imbécile, crétine…

Un mois sans nouvelles, comment as-tu pu penser une seule seconde que c'était normal ?

Impensable, oui !

À peine enveloppée de son peignoir, elle bouscula Moony qui passait – encore – l'aspirateur sur la moquette.

– Tu fous de la flotte partout !

– Ferme-la, Moony, tu deviens pire que ma mère…

Luce se précipita sur le téléphone, composa le numéro du bureau d'Inès.

– Bonjour, j'ai un message urgent pour Inès Capileira…

Sans attendre la fin de la phrase, une voix impersonnelle la coupa :

– Mme Capileira est absente. Voulez-vous que je vous mette en relation avec la personne qui la remplace ?

– Vous êtes Sophie Durand ?

– Non, elle est en congé.

– Alors, passez-moi sa remplaçante, s'il vous plaît.

Une voix jeune prit le relais.

– Bonjour, en quoi puis-je vous être utile ?

– J'ai un courrier personnel à adresser à Mme Capileira. Pouvez-vous me donner l'adresse de votre bureau en Australie ?

Au bout du fil, la voix marqua un soupçon de surprise amusée :

– Nous n'avons pas d'antenne là-bas. Vous devez faire erreur… La personne en question a pris un congé sabbatique. Vous êtes mademoiselle… ?

Luce raccrocha. Quelques minutes plus tard, elle fixait encore le combiné, sourcils froncés. Inès n'était pas en Australie. Elle avait menti.

– Qu'est-ce qu'il t'a fait, ce téléphone ? Y t'a mal parlé ?

Moqueuse, Moony louchait en regardant l'adolescente sous le nez. La jeune squatteuse agita ses mains en marionnettes devant le visage de Luce.

– Houhou, reviens ! Mais dis-moi, ça n'a pas l'air d'aller… Un souci ?

– Ma mère… Ils disent qu'elle a pris un congé sabbatique… C'est quoi ?

– C'est pas pour aller danser au sabbat, Gothik'tac de mon cœur ! Des vacances où on n'est pas payé, je crois…

– Elle m'a écrit que son boulot l'envoyait en Australie, alors que son journal n'a pas d'agence là-bas ! Elle m'a menti… Jamais elle ne m'avait menti avant.

La voix de Luce se fêla.

Moony haussa les épaules et ricana :

– Tu sembles bien mal connaître ta mère, ma petite. Elle s'est trouvé un mec, pardi ! Elle avait besoin de tranquillité pour galipétouiller !

Luce soupesa un moment la réponse avant de la rejeter :

– Non, c'est idiot… Pas de raisons de se planquer, je suis plus un bébé…

Perturbée, Luce alla s'enfermer dans sa chambre. Le lit défait encore imprégné de l'odeur de Léo la dérangeait. Elle aéra, changea les draps, mit un peu d'ordre tout en réfléchissant.

Il y a un mois déjà, Inès lui avait laissé un mot lui annonçant qu'elle partait aux antipodes. Pas étonnant qu'elle lui ait indiqué Sophie Durand comme contact en cas de problème. Elle savait que Luce ne l'aimait pas, et qu'il faudrait un énorme pépin pour qu'elle lui passe un coup de fil. Sa mère ne voulait surtout pas que Luce appelle à son travail…

Un séjour de ce type, ça se préparait, or, même en fouillant sa mémoire, Luce ne retrouvait aucun indice de départ. Comment avait-elle pu gober ce bobard ?

Facile. Leurs rapports se dégradaient de jour en jour. Elles ne se parlaient qu'avec hargne. Inès affichait une mine crayeuse qui aurait pu en remontrer au plus intégriste des gothiques. Ses yeux lui mangeaient le visage. Déjà menue, elle semblait se dessécher de l'intérieur, et bien souvent elle vidait son assiette encore pleine dans la poubelle. Elle avait toujours eu des tendances anorexiques. Elles avaient fini par ne même plus dîner ensemble. Luce ne prenait d'ailleurs plus la peine de prévenir quand elle ne rentrait pas. Deux jours avant son départ, Inès était revenue de chez le coiffeur sans les longs cheveux auburn dont elle était si fière. Arborant une petite coupe toute courte qui la faisait ressembler à un moineau d'automne, elle avait quêté une réaction dans les yeux de sa fille, mais Luce avait d'autres chats à fouetter…

Et puis, lors de cette ultime soirée…

« – Il faut qu'on parle, Luce…

Inès, la voix suppliante, s'était campée près de la porte d'entrée alors que l'adolescente vérifiait une dernière fois sa tenue dans la glace avant de partir pour la fête de Requin.

– Merci bien, pour entendre d'énièmes reproches…

– Non, c'est important…

– Ben voyons… Tu me les casses, mother. *Lâche-moi ! Je sais pas, trouve-toi un mec, fais du tricot, laisse-moi vivre… Cela dit, vu ta tête, tu risques pas de pécho… On dirait que tu as 100 ans…* »

Luce frémit de honte en se souvenant de cet échange. Comment avait-elle osé lui parler de cette façon ? Elle avait cherché, souhaité, attendu la gifle qui n'était pas venue. Finalement, Inès avait renoncé. Luce revit dans un éclair le visage douloureux de sa mère, puis la brusque flambée de colère mêlée de chagrin qui avait traversé son regard quand elle avait soufflé : « Eh bien, adieu. » La porte s'était refermée. Luce ne se souvenait plus qui l'avait claquée.

Le lendemain, la lettre annonçant son départ l'attendait dans la maison désertée.

La lettre ! Le courrier qu'elle avait reçu d'Inès à son arrivée en Australie… Avec fébrilité, Luce se mit à fourrager sur son bureau. Le message se trouvait bien là, toujours aussi laconique, toujours aussi énigmatique, mais l'enveloppe avait disparu.

Luce plongea dans la corbeille à papier, vira chewing-gums mâchouillés, vieux Kleenex et emballages de barres chocolatées. Ah ! voilà. Elle défroissa l'enveloppe maculée, l'examina sous tous les angles. Pas d'adresse indiquée au dos, le cachet de la poste rendu illisible par une tache de café. Rien, sauf cette mention sur le timbre : *Animales emblemáticos de los naciones.* Bizarre, un timbre espagnol... Luce fronça les sourcils. On parle espagnol en Australie ? Elle regarda de plus près l'oblitération. On arrivait à déchiffrer quelque chose...

2 de abril, Granada, España[9], *16 h 45.*

Une boule de colère et d'humiliation se bloqua dans la gorge de l'adolescente.

Inès avait parié que la seule vision d'un kangourou conforterait sa fille dans l'idée que le courrier venait d'Australie. Mais la lettre avait été postée en Espagne. Luce essuya une larme sur sa joue. *La garce, la garce. Elle s'est tirée, elle m'a laissée tomber...*

Elle se rendit compte de la présence de Moony en sentant sa main fraîche se poser sur son épaule.

– S'passe quoi ?

– Elle m'a menée en bateau...

Luttant contre son chagrin, Luce, le débit haché, raconta sa découverte à la squatteuse. Cette dernière lui tendait l'un après l'autre des mouchoirs en papier. Quand son amie eut fini de décrire les différentes disputes, Moony secoua la tête d'un air désolé.

– Je devrais pas te dire ça, gothiquette, mais t'es une vraie gâcheuse de mère ! D'accord, elle, c'est une godiche côté affection. Quand on sort de la Ddass, on est comme ça. Moi par exemple, avec le chien...

9. 2 avril, Grenade, Espagne.

– Merci pour ton aide, grinça Luce. J'avais justement besoin de tes reproches. D'après toi, je m'en fais pas déjà assez ?

La jeune fille se leva du lit, toisa Moony qui la regardait avec un petit sourire navré.

– Et puis d'abord, pourquoi tu crois qu'elle a été abandonnée ?

Moony haussa les épaules en s'examinant les ongles.

– Tu as dû me le dire à l'occase… En tout cas, moi, à ta place, je resterais pas là comme une plante en pot qui manque de flotte… Mais pour l'heure, t'as pas lycée, toi ?

Luce jeta un œil à son portable, et fit une grimace.

– Mince, j'ai raté le premier cours. Tant pis, j'ai pas le courage…

– Et comment, que t'y vas ! Tu crois pas que tu vas traîner ici à te court-bouillonner la rate ! Allez, ouste ! Fringue-toi !

La matinée se passa plutôt mal. Luce n'arrivait pas à suivre. Sur son cahier, se juxtaposaient la scène du bois avec Léo, le faux timbre australien, le visage d'Inès. À 11 heures, prise de violents maux de ventre, elle demanda à se rendre à l'infirmerie.

Marguerite, l'infirmière, ne tarda pas à découvrir les raisons du malaise de l'adolescente. Tous les élèves adoraient cette dame rondelette qui savait si bien panser les bobos. Ce qu'on lui confiait restait tout à l'abri de son regard bleu tendre. En larmes, Luce lui avoua son premier rapport sexuel avec Léo. Marguerite secoua la tête, en palpant délicatement le ventre nu de la lycéenne.

– Un peu brutal, le jeune homme, non ? Pas méchant, mais inexpérimenté ? Tu lui as demandé s'il avait eu beaucoup de copines ? On ne peut pas dire qu'il t'ait fait entrer dans le monde des femmes en douceur. Il a pensé à mettre un préservatif ? Bien, c'est déjà un bon réflexe… Tu n'as rien, c'est ton moral qui en a pris un coup. Tu as été chamboulée, ma cocotte. Je vais te donner un petit quelque chose pour te détendre. Tu peux parler avec ta maman, ou ce n'est pas possible ?

D'un coup, toute la détresse accumulée depuis un mois submergea l'adolescente. Elle parvint cependant à balbutier que sa mère était partie quelques jours en reportage. Puis elle refusa l'offre de l'infirmière de rester se reposer et retourna en classe sans que son envie de pleurer ait cédé d'un pouce.

7

– Bon, arrête de te lamenter, moi je me suis bougé le train pendant que tu mollassais à l'école…

Moony posa une boîte d'archives sur la table basse du salon.

– Ta mère, c'est la reine de l'esquive. J'ai essayé d'investiguer son histoire. Dans ses papiers perso, y a pas bézef d'infos… Pour trouver une piste là, tu peux toujours flairer. Mais les gens ne disparaissent pas comme ça, crois-moi. Il y a 90 % de chances qu'elle soit retournée aux sources. Un endroit où elle était bien, ou mal ; c'est selon.

Moony poursuivit, avec la mine studieuse d'une secrétaire émérite.

– Elle a commencé à travailler au journal il y a dix ans. C'est pas un scoop. Avant, elle bossait pour une agence de com. Attends que je retrouve, j'ai noté le nom quelque part… ah oui, « Com.com », ça s'oublie pas, et encore avant, on sait pas. Fouille dans ta mémoire, elle t'a jamais raconté des trucs ? En général, les gens aiment bien rabâcher sur leur boulot. Remarque, sauf quand ils sont au chômage… Et ce nom espagnol, Capileira, c'est pas celui de ton vieux… Tu sais d'où il vient ?

– Je ne me suis jamais posé la question, c'est sans doute son nom de jeune fille ?

Luce fronça les sourcils. Son père était l'unique rejeton d'une famille du Poitou, éteinte avec lui. Mais Inès ? Luce ne s'était même pas demandé si elle avait des origines étrangères avec un tel patronyme !

Luce regarda Moony, qui avait l'air aussi excité que son chien puant devant la poubelle du boucher.

– Pourquoi ça t'intéresse autant, son histoire ? Rien ne prouve que fouiller dans le passé de ma mère va donner les raisons de son départ !

Moony sourit piteusement. Elle était en train de fourrager dans le carton d'archives et répondit sans relever la tête.

– Ma daronne à moi, je sais où elle est… Dans un hospice de la région, alzheimerisée jusqu'au trognon. Dire qu'elle se souvient même plus comment elle s'appelle, elle qui ratait pas l'occasion, une fois par an, d'empêcher qu'on soit adoptables. Une carte postale à la nounou d'accueil et c'était pesé, nos chances d'avoir une vraie famille s'envolaient…

Brusquement apitoyée, Luce reprit :

– C'est dur… Je comprends… Ma mère ne parlait jamais de son passé. C'est comme s'il n'existait rien avant ma naissance…

– Eh bien, justement ! C'est trop baluche ! Comment as-tu pu pousser à côté d'elle sans même savoir qui elle était ? Cette femme t'a nourrie, bordée, donné la becquée, dorlotée, a bouffé ses larmes pour te sourire quand ton vieux a fait le grand saut, et toi tu te demandes même pas ce qui a pu lui arriver avant ?

Luce se leva brusquement. Il fallait qu'elle bouge, qu'elle trouve un dérivatif, sinon elle allait mordre la squatteuse. Elle piqua sur le frigo. Vide. Merde, quand Inès était là, on aurait dit qu'il se remplissait par magie, comme les tables de victuailles des *Mille et une nuits*…

Moony n'avait pas tort. Elle ne s'était jamais questionnée sur l'histoire de sa mère. Les souvenirs d'enfance s'arrêtaient quand…

La sonnerie du téléphone…

Cette sucette au caramel. Luce la voulait de toutes ses forces. Dents brossées, prête à aller au dodo, plus l'heure de manger des bonbons… Maman venait de l'aider à enfiler son petit pyjama de princesse. Elle avait protesté gentiment. « Demain, ma chérie… » C'est à ce moment précis que la sonnerie avait retenti. « Attends, ma puce, il faut que je réponde… » Pendant que Luce, têtue, essayait de dépiauter l'emballage rétif toute seule, Inès, doigts crispés sur le combiné, murmurait : « Oui, oui, non. Je viens. Oui, tout de suite. » Puis il y avait eu un bip-bip-bip, le silence, et ces larmes rondes, salées roulant sur les joues de Maman. Longtemps, Luce en avait gardé la fadeur sur ses lèvres poisseuses.

La voiture de François Vignal s'était écrasée dans un virage au col de l'Escrinet. Papa était mort sur le coup.

Luce n'avait que 5 ans, mais, depuis, elle n'avait plus jamais posé de questions sur la vie d'avant. Elle n'avait plus mangé une seule sucette non plus.

Et maintenant, Inès était partie.

En s'essuyant les yeux, une de ses bagues accrocha son piercing. La douleur la fit tressaillir.

Merde. Ça saigne.

Luce se précipita dans la salle de bains, retira le bijou en jurant. Le sang se mêlait aux larmes. Elle désinfecta sommairement la blessure, se passa de l'eau sur le visage, ravala un sanglot avant de retourner dans le séjour.

Léo était arrivé. Assis sur le canapé, il discutait avec Moony qui l'avait mis au courant de la situation. Il se leva d'un bond, l'embrassa sur la joue.

– Tu sais, Luce, tu devrais faire une déclaration à la gendarmerie !

La jeune fille se cabra :

– Eh, je suis mineure, moi. J'ai pas envie de me retrouver en foyer sous prétexte que ma mère a fugué...

Moony objecta :

– De toute façon, comme il s'agit d'une disparition d'adulte, les flics ne feront rien.

– Très juste. J'en toucherais volontiers un mot à Maman, mais il vaudrait mieux rassembler plus de renseignements auparavant. Luce, viens t'asseoir !

Blottie dans les bras de Léo, la jeune fille sentit la tension accumulée depuis la veille s'alléger un peu. La respiration tranquille du garçon l'apaisait. Il l'embrassa avec douceur avant de chuchoter :

– Ta mère n'a pas une copine, un ami, un amoureux que tu pourrais interroger ?

Des copines... Inès évoquait parfois quelques collègues de travail avec qui elle allait au club de gym, mais Luce ne les connaissait pas bien, et si elles soupçonnaient un mystère, les bonnes femmes risquaient de faire tout un raffut…

– Elle n'était pas du genre à se confier. Faire parler les autres, c'était son job, du coup, elle, on ne la questionnait jamais.

Luce frissonna. Inconsciemment, elle avait utilisé le passé… Soudain le visage de Didier Lebois lui traversa l'esprit. L'infographiste avec qui Inès était sortie pendant quelques mois ! Luce grimaça. C'était sans doute la première relation sérieuse de sa mère depuis le décès de son mari. La fillette leur avait empoisonné l'existence, sans trêve : mauvaise humeur, crises de spasmophilie, toute l'artillerie y était passée. Lors de leurs premières et uniques vacances ensemble à la mer, Luce se réveillait tous les matins dans des draps mouillés. Pourtant, Didier aurait pu faire un fiancé convenable. Fin, sarcastique, plein d'humour, et très gentil dans le fond. Il avait pour unique défaut de corriger la petite fille lorsqu'elle laissait échapper une faute de français. En tout cas, c'était pas le genre à ameuter les services sociaux. Luce reprit à voix haute :

– Je pourrais essayer de voir du côté de son collègue Didier…

Moony questionna :

– Ça n'existe pas, style un carnet d'adresses, chez vous ?

– Ben si, mais elle a dû l'emporter… Ce type doit être dans l'annuaire… Je vais chercher sur Internet.

8

Au téléphone, passé le premier mouvement de surprise quand la jeune fille se présenta – « Tiens, la petite punaise », remarqua-t-il sobrement –, l'infographiste écouta sans l'interrompre l'exposé de ses inquiétudes. Une fois qu'elle eut terminé, le silence s'éternisa. Puis Didier Lebois reprit enfin, après un soupir :

– Quel âge as-tu, à présent, Luce… Seize ans ? Bien. Tu veux connaître les raisons qu'Inès a données au journal pour s'absenter ? Soyons clairs, je ne te promets rien. Si je la retrouve et qu'elle ne désire pas reprendre contact avec toi, je respecterai son choix.

Ils se donnèrent rendez-vous dans un bistrot.

Habillée de noir des pieds à la tête, maquillée façon Blanche-Neige – lèvres écarlates, yeux largement cernés de khôl, teint laiteux –, Luce, en avance, attendait l'infographiste. La terrasse du café était bondée, c'était la troisième fois que le garçon lui demandait si elle voulait déjeuner. Enfin, elle vit Didier Lebois qui traversait la rue de cet air distrait qu'elle n'avait pas oublié.

L'ex de sa mère n'avait pas changé : maigre, une moue ironique, il trimballait sa grande carcasse d'artiste à la nonchalance non feinte. Un soupçon de culpabilité pinça Luce alors qu'il s'asseyait en face d'elle. Elle avait si bien su gâcher leurs relations qu'Inès avait capitulé et décidé de rompre. Didier le confirma, sans lâcher l'adolescente du regard.

– À mon sens, c'était la seule parade que tu avais trouvée pour distraire ta maman de son chagrin. Lui pourrir la vie.

Luce baissa le nez, elle articula de façon presque inaudible :

– Pardon, je…

L'homme lui prit la main :

– Tu étais une fillette, Luce, une petite teigne qui n'avait que ce biais pour te rappeler à l'attention de ta maman. Je ne t'en veux pas. Toutefois, maintenant tu as grandi. Rends-lui sa liberté…

Didier se renversa dans son fauteuil. Il alluma une cigarette, en détaillant la jeune fille avec amitié.

– Et la clarinette ? Tu continues ? Inès disait que tu avais l'oreille absolue. Quand tu jouais, tu te métamorphosais, ton petit visage s'apaisait, se concentrait. Ta mère s'illuminait.

– J'ai arrêté il y a trois ans.

– Tu refuses tout ce qui pourrait te faire du bien, n'est-ce pas ? Pauvre Inès. Elle a dû trouver ça dur…

Luce rougit. Elle avala sa salive. L'homme l'observait sans indulgence. Refoulant ses larmes, elle revint aux questions qu'elle voulait éclaircir.

– Je suis inquiète. Qu'est-ce qu'elle a dit au journal ? Tu sais si elle a des collègues qui pourraient avoir des infos ?

Radouci, Didier lui tapota la main.

– Après ton appel, ma chère, j'ai fait ma petite enquête.

Posément, il héla le garçon. « Il ne sera pas dit que je laisse mourir de faim la fille d'Inès ! » Une fois la commande passée, Didier se cala confortablement dans son fauteuil.

– Ta mère est une journaliste exceptionnelle. À tel point que la direction vient de lui proposer la rédaction en chef de son service. Une superbe promotion. Et toc, voilà qu'elle demande un congé sans solde au moment où elle pourrait pratiquement doubler son salaire. Je te laisse imaginer comment ça a fait jaser au journal.

Didier écrasa sa cigarette.

– J'aime toujours Inès. Et je crois qu'elle... ne me hait point. On s'évitait au travail, pour empêcher que ça fasse trop mal, mais si elle m'appelait, je lâcherais tout pour la rejoindre. Où qu'elle soit. Et même si pour ça je dois aider sa petite punaise adorée.

Un sourire amical atténuait l'emphase des paroles. Luce le lui rendit. Il était sympa, ce type.

– Ta mère a quelques copines journalistes, mais elles ne savent rien, je peux te l'assurer. En revanche, j'ai appris de la fille de la compta qu'*Inès Capileira* était un pseudonyme. Mais tu le savais, non ?

Luce secoua la tête. Comme elle-même portait le nom de son père, elle en avait déduit sans plus chercher que c'était le nom de jeune fille d'Inès.

L'infographiste feuilleta un petit carnet de moleskine qu'il avait sorti de sa poche. Il chaussa ses lunettes et lut en regardant par intermittence Luce par-dessus ses verres de presbyte.

– Son vrai nom est Agnès Morian, et elle est née à Lyon, dans le 7e. Ça ne t'avance pas beaucoup. Au service du personnel, une secrétaire m'a confié sous le sceau du secret qu'on avait pris des dispositions spéciales pour sa mise en disponibilité, mais qu'elle ne pouvait m'en dire plus. Et je n'ai pas réussi à lui arracher la plus petite indication sur l'endroit où ta mère se trouve actuellement.

Luce risqua une question :

– Mais Maman dit toujours qu'elle reçoit des tonnes de lettres à la rédaction, des invitations, des infos de ses contacts. Y a bien quelqu'un qui s'en occupe ?

Didier eut un sourire navré.

– Ma pauvre petite ! Son courrier est traité par Sophie ! C'est un fléau. Elle est plus discrète que la tombe de Mozart, aussi jalouse que le chien des enfers, et en outre, elle se méfie de moi. Je n'ai rien pu en tirer. Évite-la si tu tiens à ta merveilleuse liberté. Elle a une dent contre toi. Ça ne tiendrait qu'à elle, tu serais déjà bouclée dans un camp de redressement en Arizona !

« ... Désolé, reprit l'infographiste en rangeant ses lunettes dans leur étui. Je n'ai rien trouvé de plus. Mais toi, raconte ! Tu te débrouilles comment, toute seule ?

Le reste du déjeuner se déroula de façon étonnamment agréable. Didier questionna Luce sur ses études, évoqua les siennes avec humour. Ils se séparèrent en échangeant leurs numéros de portable. Il lui fit promettre de l'appeler si elle avait besoin de quoi que ce soit.

De retour à la maison, Luce trouva Moony en train de siroter une bière en compagnie de Léo dans le salon rutilant de propreté.

– Tu es là depuis longtemps ? demanda-t-elle au garçon installé à son aise sur le canapé.

Depuis que Jordan avait été coffré, Léo fréquentait volontiers cette maison de perdition. Perdition était le terme. Moony, après n'avoir fait qu'une bouchée de Requin, avait jeté son dévolu sur le chauffeur de la mère de Léo ; un beau grand flic candide et vigoureux comme un jeune mammouth, qui venait la chercher un soir sur deux à la fin de son travail.

– C'est incroyable que tu ne te sois jamais posé de questions sur son nom ! s'exclama Léo en se resservant un verre. Mais j'y pense, ta mère doit bien avoir son livret de famille quelque part ?

– Laissez-la donc tranquille, cette sacrée Inès. Il n'y a plus que deux mois et demi à attendre avant son retour, objecta Moony d'une voix traînante, en guettant par la fenêtre l'arrivée de son nouveau boyfriend.

Surprise de ce revirement, Luce interpella la squatteuse :

– Tu es mal placée pour dire ça. Tu t'es pas gênée pour fouiller dans ses affaires !

– Ça m'amuse plus…

– Les papiers d'état civil sont les premières sources d'information. C'est fou ce qu'ils peuvent révéler, insista Léo.

Moony haussa les épaules, elle ramassa les verres vides sur la table et les porta dans la cuisine. De loin, ils entendirent son rire grinçant :

– T'es pas un fils de flic pour rien !

Luce alla fouiller dans le secrétaire d'Inès. Sans être vraiment caché, le livret de famille était glissé tout au fond d'un tiroir. Luce savait à quoi il ressemblait, car elle l'avait déjà aperçu plusieurs fois, sans toutefois demander à le regarder de plus près. Inès lui avait expliqué que le fascicule contenait des données d'état civil, naissances, mariage, morts de la famille. Cela avait suffi pour rebuter la gamine qu'elle était alors… Non merci, elle ne tenait pas à retrouver écrit noir sur blanc le décès de son père…

Elle ouvrit avec réticence le précieux document.

Agnès Morian, née le 12 août 1960, Lyon 7e. Mère : Monique Morian. Père : inconnu.

Léo recopiait frénétiquement les données.

– Avec ça, Maman va pouvoir faire quelque chose…

Luce grimaça.

– Oui, elle va me boucler dans un foyer ! D'ailleurs, avec toi qui dois la tenir informée de nos moindres faits et gestes, c'est un miracle qu'elle ne l'ait pas déjà fait, non ?

Rien n'aurait pu départir Léo de son admiration pour sa mère. Quand il était question d'elle, il restait imperméable aux sarcasmes. Sérieux comme un gendarme novice au rapport, il précisa :

– Elle t'a à l'œil, mais elle ne raffole pas des placements brutaux. Tu as 16 ans, elle observe comment tu te débrouilles. Et puis, elle sait que je sors avec toi.

– Et ça fait quoi pour une maman flic d'avoir un fils qui galipette avec une goth ? railla Moony.

Léo passa la main dans ses cheveux, un peu gêné.

– On ne parle pas de ça… Maman me fait confiance… D'ailleurs, c'est elle…

Le garçon s'interrompit net, en comprenant à l'expression de Luce qu'il s'avançait sur un terrain miné.

Moony éclata de rire, décrocha un invraisemblable chapeau tyrolien, et leur déclara :

– Je vous laisse, mes loulous. Soyez sages !

Léo se racla la gorge.

– Quelle drôle de fille ! Elle est vraiment…

Luce, trop occupée à feuilleter le livret de famille, n'écoutait qu'à moitié. Le jeune homme se leva, l'enserra de ses deux bras et lui dit en l'embrassant dans le cou :

– Tu veux bien que je demande à Maman de fouiller un peu dans le passé d'Inès ?

Luce hésita. L'attitude de Léo l'émouvait et l'agaçait en même temps. Il n'avait pas encore 18 ans et il ne se privait pas de donner des leçons de morale, lui qui n'avait guère eu de scrupules… Elle frissonna.

Le garçon proposa :

– On peut aussi jeter un œil sur son ordi… Regarder son carnet d'adresses, retracer les sites Internet qu'elle a visités avant de partir…

Luce se tourna vers le micro portable qui attendait, éteint, sur le bureau d'Inès.

– Figure-toi que j'y ai pensé, moi aussi, mais Maman l'a sécurisé…

Léo haussa les épaules.

– Tu sais, 90 % des gens choisissent pour mot de passe soit un nom ou un prénom de la famille, soit le nom d'un animal domestique. On essaye ?

Mais du premier canari au dernier hamster de Luce, l'ordinateur resta résolument muré sur son secret.

9

Il reposait sur elle, la bouche entrouverte, l'air heureux. Après l'amour, Léo dormait comme un matou repu. Luce éprouvait une tendresse immense pour ce grand corps de garçon qui l'écrasait de tout son poids. Soumise à ses caresses, elle se laissait explorer, posséder avec docilité. L'amour, c'était donc ça ? Elle apprenait à conduire son homme au plaisir. Elle faisait semblant pour ne pas le décevoir, car elle-même restait au bord du chemin, fière seulement de l'avoir comblé, la gorge serrée et un grand froid dans tout son corps désavoué.

Luce pensait à sa mère. Tout le temps. C'était devenu aussi obsédant qu'un ongle qui accroche, c'était pire que la douleur sourde d'une migraine qui refuse de disparaître. Elle y revenait sans cesse. La présence d'Inès avait été si fondamentale que Luce n'avait jamais eu à en ressentir le manque. La prise de conscience de son absence devenait lancinante. Où pouvait-elle être ? Que faisait-elle ? Pourquoi était-elle partie ?

Pour la dernière question, Luce se doutait de la réponse. Inès ne supportait plus leurs disputes, elle avait pris le large. Sans aucune explication.

Non, ce n'était pas crédible. Jamais elle n'aurait fait ça.

Soudain une idée folle germa dans la tête de Luce. Ce teint livide, le manque d'appétit de sa mère… Et si Inès était enceinte ? Elle pouvait encore, après tout. Et si elle s'était éloignée pour vivre sa grossesse tranquillement avec le père ? Quel père ? La jeune fille se serait battue de ne pas avoir été plus attentive. Il lui semblait bien pourtant qu'Inès s'enveloppait dans de grands pulls qui cachaient ses formes, les derniers temps. Une bouffée de colère la fit tressaillir : eh quoi, elle croyait s'en tirer ainsi ? Remplacer sa mauvaise fille par un nouveau bébé ? Rien que pour lui dire son fait, Luce se sentait capable de retourner la Terre entière.

Léo soupira, ouvrit les yeux.

– Tu ne dors pas ?

Le garçon changea de position, l'attira à lui.

– Viens dans mes bras, mon bébé, demain on la retrouvera, ta maman…

Luce se blottit contre lui et s'endormit.

Au réveil, la jeune fille alluma son ordinateur. Elle passait son temps à vérifier et revérifier sa messagerie. Comme si elle pouvait lui apporter le salut, comme si, à 6 heures du matin, où qu'elle soit, sa mère avait pu lui écrire.

Les messages se chargeaient un à un, l'habituel lot de mails publicitaires. Mais, parmi la cohorte des « pourriels », miracle, enfin, un message était arrivé.

Ma chérie,

Pardon de ne pas avoir donné de nouvelles. J'ai été très occupée. Mais je crois de toute façon qu'il était bon pour toutes les deux de prendre du recul. Je suis sûre que tu t'en sors comme un chef. Tu es forte, je le sais.

La mission que je me suis fixée en venant ici est en bonne voie. J'ai beaucoup d'espoir en ses résultats. J'ai eu raison de m'éloigner, même si ma démarche peut te paraître égoïste.

Tu me manques. C'est idiot, quand j'écris ça, je ne vois pas la petite créature chargée de piercings et tout de noir vêtue que j'ai laissée, mais une jeune femme que je ne connais pas encore, et que j'appellerai ma fille.

Preuve que je ne t'accepte pas telle que tu es, et qu'il faut attendre encore un peu. Ne m'écris pas. Je ne veux pas te voir. Pas maintenant. J'ai besoin de temps. Je t'embrasse. Inès

Les larmes aux yeux, Luce lisait et relisait le message, quand elle sentit la présence de Léo dans son dos. Il l'entoura de ses deux bras, et la berça, sa joue râpeuse posée contre la sienne. Le téléphone du jeune homme vibra. Exaspérée, Luce le vit fouiller avec précipitation dans la poche de son jean.

Luce réagit avec aigreur :

– Si ma mère a pris la poudre d'escampette, la tienne ne risque pas de se faire oublier…

Léo releva la tête en souriant. Sans se vexer, il lui répondit tout en pianotant sur son portable :

– Ne sois pas mesquine. Elle a des infos sur Inès, elle demande si elle peut te les apporter ? Je lui ai dit OK.

– Elle vient ici ? À 7 heures du matin ? Misère, il faut qu'on range…

Mais ils n'en eurent même pas le temps. À croire que la mère de Léo avait envoyé son message du perron. Elle sonna, et déjà son coup de sonnette avait quelque chose de nettement impérieux.

Luce ouvrit à une petite dame en tailleur bleu marine, boulotte, les cheveux courts poivre et sel, le profil et les yeux de Léo. Campée dans l'entrée, l'intruse détailla d'un œil professionnel la jeune fille. De son tee-shirt noir au dernier piercing, la flic dressait un inventaire précis des atouts et défauts de l'élue de son précieux rejeton. Enfin, un sourire brusque illumina son visage mobile. Elle tendit une main décidée :

– Appelez-moi Camille.

Puis elle s'assit avec autorité sur le canapé. L'espace d'un instant, par l'échancrure du tailleur, Luce aperçut la bretelle de cuir d'un holster sous le bras de la dame.

Gracieuse, celle-ci accepta la tasse de café que Léo lui avait apportée avec empressement.

– Merci, Lapin.

« Lapin. » Luce croisa le regard piteux de Léo, alors que sa mère reprenait, de l'air de celle qui n'a pas de temps à perdre en formules de politesse.

– Vous êtes bien consciente que votre maman étant adulte, elle a tout à fait le droit de s'éloigner sans donner de nouvelles.

Luce hocha la tête.

La mère de Léo expliqua alors que, chaque année en France, plusieurs milliers de personnes disparaissaient ainsi volontairement. Toutefois, concevant l'inquiétude de Luce, la flic avait opéré quelques investigations. La vie d'Agnès Morian était sans mystère, pas de condamnations, à peine quelques contraventions. Elle avait été prise en charge par l'assistance publique dès sa plus jeune enfance. Camille avait pu retrouver l'adresse de la dernière famille d'accueil d'Agnès Morian en 1978. De même que les coordonnées de son premier employeur.

Luce demanda timidement :

– On n'a pas de moyens de savoir où Maman se trouve actuellement ?

– Une vérification succincte des mouvements de sa carte bancaire m'a confirmé que votre mère s'en servait régulièrement à l'étranger. En Espagne. Plus précisément, à Grenade et dans quelques villages d'Andalousie. Voilà, tout est dans ce dossier. Bon, il faut que je file. Léo, n'oublie pas que tes examens sont dans dix jours. Et vous, Luce, je crois que vous avez cours à 9 heures ?

– Ou-oui, madame… Mer-merci…

– Appelez-moi donc Camille ! Bonne chance dans vos recherches. Tu viens, Léo ?

Avec un sourire d'excuse, le jeune homme emboîta le pas à sa mère.

– On se voit ce soir, Luce. Bonne journée !

Restée seule, l'adolescente ouvrit la mince chemise cartonnée abandonnée sur la table basse par la mère de Léo.

Madame Levasseur, 7, rue des Plantes, Brignais (Rhône).

Et une autre adresse à Paris :

Crying Dead, Fred Bilster, 132 rue Amelot, Paris XIe.

10

C'était un pavillon de banlieue sans grand intérêt, avec un toit à quatre pentes surmonté d'un coq en fer forgé qui grinçait, et des volets en accordéon dont la peinture s'écaillait. Luce traversa le petit jardin soigné. Au cœur des plates-bandes taillées au cordeau, une kyrielle de nains de jardin en plâtre s'activaient avec brouettes et râteaux. Sur un tas de sable traînaient quelques jouets en plastique délavés. Un peu plus loin, des poules caquetaient dans leur enclos grillagé. Quand elle passa devant elles, Luce se dit que ces volailles auraient pu sortir de l'imagination d'un savant fou. Certaines avaient des plumes ébouriffées comme de la fourrure, d'autres des cous interminables et nus surmontés de têtes hirsutes. Elles toisaient l'intruse d'un air stupide.

Luce n'avait pas voulu que Moony l'accompagne. Il lui semblait qu'elle devait faire cette démarche seule. À quoi s'attendait-elle ? Il n'y avait plus à réfléchir. Le chemin se traçait de lui-même.

– Tu admires mon poulailler de collection ? Tu es la fille de la petite Agnès ? Entre, entre, ma cocotte.

La dame était accorte, joviale. Sa vaste poitrine était de taille à soulager les pires chagrins d'enfant. La cuisine embaumait le gâteau.

– Je viens de le faire, on va en goûter ! Ne me dis pas « madame », s'il te plaît, appelle-moi tantine Suzanne, comme tout le monde !

Au premier abord, Luce eut l'impression d'un canular. La femme caquetait et gloussait sans répit.

– J'ai toujours eu un petit penchant pour la volaille. Au départ, mes poussins ont commencé à me dessiner des poules pour la fête des Mères, des œufs pour Pâques, et puis ça s'est emballé…

Elle appelait *ses poussins* ces couvées successives de gamins égarés qu'on avait confiées à son aile protectrice. Parfois ils restaient six mois, parfois plusieurs années. Chacun d'entre eux, à un moment ou un autre, avait enrichi le nid de ses offrandes.

Peu à peu, la maison s'était tout entière dédiée au culte des gallinacés. Des cocottes en papier mâché, en plastique, en verre, en métal argenté, en porcelaine, des poulettes sur des coquetiers, des assiettes, des torchons, des canevas… Des grosses couveuses et des coquelets orgueilleux, des poussins attendrissants en frise sur le mur du couloir, des volailles de profil, arborant petits fichus, paniers à provisions, et tabliers à carreaux.

La pendule du salon annonça 15 heures d'un cocorico tonitruant.

Évidemment.

Sur le canapé en Skaï marron, un coussin au point de croix un peu usé représentait un lapin.

Un lapin ?

– Justement, tiens, c'est Agnès qui l'a brodé... Je l'ai toujours conservé... Ça change un peu.

La grosse dame sortit le gâteau du four.

– Tous ces œufs, il faut bien que j'en fasse quelque chose.

Alors que Suzanne Levasseur découpait une énorme tranche qu'elle déposait sur une assiette à dessert, elle s'immobilisa, le couteau en l'air, la poitrine palpitante comme une poule coursée par un dindon agressif.

– Cette Agnès, tout de même, elle pourrait donner des nouvelles ! Tu sais, elle a changé au moins dix fois de famille d'accueil. Elle y a perdu des plumes, c'est sûr. Ça apprend à ne pas revenir sur son passé. Hop, on est obligé de tourner la page à chaque fois. Je ne lui en veux pas.

– Elle est très occupée, vous savez... risqua Luce d'une voix prudente.

La jeune fille ne voulait pas trop s'avancer. Moins elle en dirait sur sa présence ici, mieux cela serait.

Tantine Suzanne secoua la tête.

– Moi, je l'aimais bien, la petite Agnès. Quand je te regarde, j'ai l'impression de la revoir au même âge. C'est qu'elle marchait bien à l'école, celle-là.

– Elle est allée dans quel lycée ?

– Tu rigoles, elle a pas été jusque-là ! Un CAP de secrétariat qu'ils lui ont fait faire, à la Ddass. La pauvre, elle détestait. Je lui disais : « Ma poussinette, tiens bon, c'est déjà un métier, tu pourras toujours becqueter au moins... » Elle me fixait avec un air si désespéré que j'en avais la chair de poule. Elle restait là, devant la fenêtre, les yeux dans le vague... Et puis, elle reprenait son bouquin. Toujours un livre à la main, toujours l'oreille collée au transistor, à écouter ses musiques électriques. Moi ça me fatiguait, mais qu'est-ce que tu veux. Elle ne demandait jamais rien.

– Elle est restée longtemps chez vous ?

– Elle nous est arrivée à l'âge de 13 ans, et on l'a gardée jusqu'à sa majorité ! Une semaine avant, elle m'a dit : « Tantine Suzanne, je monte à Paris. » La veille de son départ, elle a coupé ses longs cheveux. Avec son petit crâne blond tout ébouriffé, on aurait dit un caneton sorti de l'œuf. Je lui ai fait promettre de donner des nouvelles, macache bonnot, je t'en fiche. Je l'ai jamais revue.

La vieille nourrice posa sur Luce un regard mouillé. Elle mit sa main courtaude et rougie sur son cœur.

– Je peux me vanter qu'elle a pas été trop malheureuse ici. Mais avant, c'était pas la même chanson. Les premiers mois, elle se réveillait la nuit. « Non, non », qu'elle hurlait. Elle avait été battue, cette petite, ou bien... Je lui faisais boire un lait de poule, je la bordais serré. « Ici, tu crains plus rien », que je lui répétais. Mais je ne sais pas pourquoi je te raconte ça, je devrais peut-être pas... D'ailleurs, je t'ai même pas demandé pourquoi tu étais là ?

Luce se racla la gorge. Elle avait préparé son mensonge :

– J'ai voulu voir où Maman vivait quand elle était jeune et puis... J'aimerais lui faire une surprise pour son anniversaire. Inviter des gens de son passé...

– Ça, ma poulette, je pense pas que ce soit une bonne idée. Ça ne lui fera pas plaisir. Quand je te vois – même si c'est un peu triste, tout ce noir, et que le genre d'anneaux que tu as, on les trouve accrochés sur les volailles de Bresse –, je me dis qu'elle a réussi, la petite Agnès. Va pas gratter son passé, il est derrière.

– Elle ne s'était pas fait d'amis quand elle vivait ici ?

– Ça m'étonnerait. Agnès se mélangeait pas… Mais attends, quand j'y pense, je dois avoir une photo. Ça te dirait de la voir ?

La photo avait été prise dans le jardin. Il y avait déjà le poulailler. Cinq ou six gamins fluets posaient autour de tantine Suzanne. En arrière-plan, une toute jeune fille assise contre le cerisier exposait de longues jambes de faon, maigres et bronzées. Son visage triangulaire se devinait à peine sous le rideau de cheveux blonds. Elle ne souriait pas au photographe, elle lisait.

*

– Je vous assure qu'elle ne sait rien. Elle est gentille, mais elle ne l'a pas revue depuis la fin des années soixante-dix. J'étais loin de penser que ma mère avait été trimballée comme ça de famille en famille. Un peu comme toi, Moony. J'en reviens pas… Elle n'a jamais lâché un mot sur son enfance. Pas un seul. Et je ne me suis rendu compte de rien !

Moony la coupa, un peu sèchement :

– C'est sûr, quand on n'est pas en manque, on a du mal à s'imaginer ! Tu es coincée, t'as plus qu'à l'attendre.

– Mais non, il me reste quand même l'autre adresse. À Paris.

Léo se gratta la tête.

– Je ne peux vraiment pas partir en ce moment, mais toi, dans une semaine, tu es en vacances… Ça vaudrait peut-être le coup d'y aller ? J'ai une cousine étudiante qui habite dans le Ve. Je suis certain qu'elle se fera un plaisir de t'accueillir.

Luce acquiesça. Le temps avait filé à toute vitesse. Au dernier conseil de classe, Luce avait limité les dégâts. Malgré un léger fléchissement de ses notes, ses professeurs avaient estimé qu'elle pouvait passer en première. À présent, les cours n'étaient plus qu'une formalité dont les lycéens s'acquittaient en bronzant sur la pelouse de l'établissement. Une façon d'être là sans y être.

Progressivement, Luce s'était éloignée de ses amis gothiques. Sa relation avec Léo l'avait fait basculer dans un univers différent, plus raisonnable, plus adulte peut-être. La jeune fille résistait pied à pied contre ses douces tentatives de normalisation. Une concession, tout de même : elle avait accepté d'ôter le piercing à la lèvre dont son amoureux détestait le contact quand il l'embrassait.

Le garçon était… adorable. Toutefois, il arrivait à Luce de se demander s'il l'aimait vraiment. Le jour, ils se côtoyaient dans une familiarité fraternelle, et la nuit les rapprochait en des étreintes qui laissaient une petite partie d'elle-même recroquevillée, le cœur sec. Elle ne devait pas être normale. Elle n'aimait pas « ça ». Mais elle l'aimait, lui, ça oui. Quand il venait l'attendre à la sortie du lycée, elle se sentait gonflée de joie parce qu'il avait fait le trajet pour elle ; que c'était à elle qu'il faisait des signes du plus loin qu'il l'apercevait ; elle qu'il tenait par la main en marchant.

De façon tout à fait improbable, Léo s'entendait bien avec Moony. La squatteuse le faisait rire, ce qui était en soi un petit miracle, car Léo portait sur toute chose le regard austère d'un pasteur presbytérien. Il n'était pas rare de le voir pouffer à ses clowneries quand ils épluchaient ensemble les pommes de terre pour le repas.

La maison vivait, s'ouvrait. Il y régnait une ambiance dans laquelle Inès aurait pu avoir sa place. En réalité, elle en était le centre, malgré et peut-être à cause de son absence.

Moony changeait à vue d'œil, comme si la stabilité qu'elle avait trouvée ici opérait en elle une transformation tant physique que morale. Elle avait un peu grossi, ce qui n'était guère étonnant vu la quantité de pizzas qu'elle engouffrait. Son visage, libéré de la vigilance de la rue, en était comme lissé. Peu à peu, elle avait abandonné ses fringues de récupération pour piocher sans vergogne dans les vêtements d'Inès. Luce aurait payé cher pour voir la tête de sa mère quand Moony bafouait joyeusement tous les canons de l'élégance en mariant sa veste pied-de-poule et son pantalon de pyjama en satin. La première fois, Luce avait tiqué en découvrant Moony de dos, dans un vieux tailleur de la journaliste. Cœur tambourinant dans la poitrine, bref élancement de joie, un instant, elle avait cru qu'Inès était de retour.

Moony, la bouche pleine, précisa :

– J'ai googuelisé l'adresse indiquée par la daronne de Léo. La boîte existe toujours. C'est marrant, ils font de l'import-export de musique alternative. J'ai trouvé un historique de leur société. Ils ont commencé à la fin des années soixante-dix avec le mouvement punk.

– Tu surfes sur Internet, toi ?

– Qu'est-ce que ça a de drôle ? C'est pas parce que j'ai jamais eu l'occasion que j'ai pas le droit de m'y mettre !

– Et elle apprend très vite, se félicita Léo. Maintenant qu'elle sait naviguer correctement, je vais lui montrer comment faire un blog. Elle voudrait créer un site pour les enfants élevés en familles d'accueil.

Le visage de Moony s'éclaira.

– Ouais, rassembler des trucs pour se dépatouiller avec la législation, un forum pour les fratries qui se recherchent, etc.

– Eh bien, dis donc, il est loin, le moment où tu pleurnichais sur ton Jordan…

Un éclair de dérision passa dans le regard de Moony.

– Ici, j'ai trouvé une famille. En quelque sorte… Pas vrai, Poubelle ? Oui, c'est comme ça que je l'appelle maintenant.

Le chien, fou d'un bonheur pestilentiel, lui balança un grand coup de langue.

– Tu pues, mon vieux…

11

– Agnès Morian ? Connais pas…

Fred Bilster, PDG de Crying Dead, s'ennuyait à mourir au fond de son réduit poussiéreux. L'homme bedonnant toisa Luce de bas en haut. La queue-de-cheval graisseuse rassemblant les maigres cheveux qu'une calvitie du haut du crâne avait raréfiés confirmait son allure d'imprésario à deux balles. Avec une mine de vieux matou, le producteur loucha sur les seins de la petite gothique qui avait fait irruption dans son univers somnolent. Enfin, il lui décocha un sourire égrillard. Il lui manquait une incisive.

Luce rougit, mal à l'aise, puis elle lui exposa le motif de sa visite sans trop entrer dans les détails.

– D'après toi, elle aurait été employée ici à la fin des années soixante-dix ? Mais qu'est-ce que tu en as à foutre ? T'étais même pas née à l'époque !

– Je veux lui faire une surprise pour son anniversaire… Je pensais retrouver ses anciens collègues…

– J'ai pratiquement toujours bossé seul !

L'agence se tenait dans l'arrière-cour d'un immeuble du XIe arrondissement. Sans doute un garage désaffecté. Une odeur de cigarettes blondes et de poussière flottait sur les classeurs de fer et le bureau écaillé. Quelqu'un, au siècle dernier, avait dû trouver branché de repeindre tous les tuyaux de gaz et les conduits électriques en couleurs psychédéliques. C'était resté en l'état.

La boîte avait été la première à promouvoir le mouvement punk en France, avant d'évoluer vers le métal. Camille, la mère de Léo, s'était sûrement trompée. Ce... débris n'avait rien à voir avec Inès.

Fred Bilster se leva avec peine. Il ricana en désignant son fauteuil déglingué.

– Y a plus que lui qui est défoncé... hé hé hé... Tu piges ? Fini la fumette pour moi, j'ai un emphysème, faut que je fasse gaffe. Tu sais que t'aurais pas déparé dans mon écurie, à la grande époque ? Pas mal, tes sapes ! Un peu trop chicos, peut-être.

Luce leva les yeux au ciel, pendant qu'il se retournait péniblement vers un vieux meuble de classement en métal gris. Elle regrettait de s'être mise sur son trente-et-un gothique. Dans ce quartier branchouille bobo, elle s'était sentie aussi bienvenue qu'un comédon sur le nez d'une esthéticienne et ici, sa jupette de tulle et ses bottines lacées de cuir noir menaient ce gros type au bord de l'attaque d'apoplexie.

Bilster referma le tiroir d'un claquement sec.

– Bon, c'est pas là. Je vais chercher le registre de l'époque. Il me semble me souvenir que pour certains concerts, on avait recruté quelques étudiantes, des jolies filles...

Hé hé. Mais te fais pas d'illusion, dans ces années-là, je tenais mes fiches entre deux cuites… Ha, ha…

Il s'éloigna en soufflant.

Luce avait trié du discours haché de héhé et bourré d'allusions de Fred Bilster que Crying Dead avait été une boîte de production de musique underground. Vraiment underground, pensa Luce en notant le peu d'activité de l'entreprise. Restée seule dans la pièce, elle laissa traîner son regard sur les affiches de punks qui jaunissaient, collées à même la peinture pisseuse. Sur les photos, les artistes la fixaient d'un œil sinistre, nez et oreilles traversés d'épingles à nourrice, de trombones, chevelures en pétard bleutées par des éclairs surnaturels. Les noms des groupes s'étalaient en lettres sanguinolentes sur fond noir…

Bloody Dust, Soiled Linen, Dirty Sunday… Intriguée, Luce s'approcha de cette dernière affiche. Elle ne l'avait pas remarquée plus tôt, car elle lui avait tourné le dos en s'asseyant en face du gros producteur. *Dirty Sunday*… Les lèvres noires ouvertes sur un cri, la tignasse aile de corbeau retombant en mèches raides et emmêlées autour d'un fin visage en triangle, les yeux provocateurs lourdement chargés d'un maquillage charbonneux, la fille semblait la narguer. « Alors, tu me reconnais ? »

Incrédule et le cœur battant, Luce essuya le pâle visage poussiéreux.

– Bon, j'ai rien trouvé, ma belle, pas d'Agnès Morian, ni d'Inès Capileira. Que dalle. On t'a raconté des bobards.

Le gros homme revenait, ahanant, l'air irrité.

Luce pointa son doigt en direction de la fille de l'affiche, en balbutiant :

– C'est qui ?

– Ah, Gloomy, Gloomy… Quelle artiste ! Je n'ai plus jamais retrouvé l'équivalent… Des comme ça, un producteur n'en a qu'une dans la vie… Dommage qu'elle ait interrompu si vite sa carrière…

Le type se rapprocha de Luce, sourcils froncés. Il lui souffla au visage une haleine chargée, trois quarts bière, un quart cigarillo.

– Mais dis donc, mets-toi un peu à la lumière, que je te regarde mieux ? Ça par exemple ! Quand t'es entrée, ton museau me rappelait quelqu'un, et puis tu sais ce que c'est, une fois qu'on parle, les ressemblances disparaissent. J'arrive pas à y croire ! Bien sûr ! Gloomy, c'est ta mère, c'est ça ?

Devant le silence de Luce qui ne parvenait pas à détacher son regard de l'affiche, il reprit :

– Et elle ne t'a jamais rien dit ? Faut avouer que c'est peut-être pas des trucs qu'on raconte à ses mioches…

Le gros homme secouait la tête, frappait le poing droit dans sa main gauche, l'air de ne pas en revenir. Il s'affala dans son fauteuil râpé, chercha à tâtons son briquet sans quitter la jeune fille des yeux.

D'une voix presque inaudible, l'adolescente articula :

– Me dire quoi ?

Mais le producteur était loin, perché dans ses souvenirs.

– Quand elle s'est taillée, j'ai vraiment cru qu'elle était allée crever dans un coin… Elle se chargeait à mort ! Bon, je parle trop ? T'es plus une môme, tu peux comprendre… Tu chantes ? Non ? Dommage…

Le type était intarissable, cela laissait à Luce le temps de récupérer, KO debout. Inès, la stricte journaliste mélomane, ancienne chanteuse punk et camée? *Maman? Ma mère à moi??? Impossible!* Luce se rappelait la bouche tordue de mépris d'Inès chaque fois qu'elle passait *Metalmonk Funeral* un peu fort, ses jugements implacables sur ses amis, sa phobie de tout débordement, ses prises de position hystériques contre le cannabis... Et pourtant, c'était bien elle sur cette affiche...

Luce déglutit.

– Vous avez gardé des enregistrements?

Fred Bilster se dirigea vers une chaîne stéréo, un CD à la main.

– Mais quelle voix! Quelle voix! On n'a pas fait mieux depuis. Une merveille, une rockeuse de la mort, avec un potentiel de chanteuse d'opéra, et tellement écorchée! Lorsqu'elle lâchait les chevaux, ça filait l'envie soit de descendre dans la rue pour tout péter, soit de se foutre en l'air...

L'homme toisa la fille d'Inès d'un air goguenard:

– Hé hé! Ça, c'est sûr, si elle t'a chanté des berceuses, t'as dû avoir du mal à t'endormir. Oh, je blague, faut bien rigoler! Ah ah! Tiens, écoute celle-là, «Société anonyme» qu'elle s'appelle...

Le son saturé des guitares électriques s'éleva, trois accords sommaires, lourdement martelés, une batterie comme un rouleau compresseur et soudain un cri déchirant, rauque se terminant en trille cristallin. Et puis les paroles pilonnant un désespoir sans nom, l'amour qui ne vaut rien, la société qui pue, les flics maudits, la dope salvatrice...

Le calme, quelques arpèges de guitare folk, le silence, enfin, la voix *a capella* déroulant une ballade sombre :

« J'aurais voulu te connaître, j'aurais voulu t'aimer, j'aurais voulu d'autres matins…

Mais tu m'as trahie, tu m'as lâchée, trimballée, ballottée, molestée, agressée, tu m'as tuée ! »

La guitare en soutien du timbre de petite fille, la batterie entra en jeu, puis la voix se brisa soudain dans un cri de rage alors que les instruments prenaient définitivement le pouvoir.

Bouleversée, Luce fronçait les sourcils.

Cette voix ? Maman ?

Le producteur, réjoui, lui tendit le CD.

– Je te l'offre. En souvenir. Dis bien à Gloomy que je l'ai jamais oubliée. Ses musicos non plus. Après son départ, ils n'ont pas continué…

– Vous avez leur adresse ? demanda Luce qui réfléchissait très vite, malgré son trouble.

– Nasty Toth est mort d'une overdose, mais j'ai toujours des nouvelles de Dirty Pink, le batteur. Il vit dans le Périgord. Il a repris la ferme de ses parents. Tous les ans, à Noël, il m'envoie du foie gras… Quant à Mad Loulou, le guitariste, il est prof de musique dans un collège de la banlieue Sud.

– Vous avez son numéro de téléphone ?

– Bouge pas…

12

L'homme en veste de velours qui s'assit en face de Luce dans un bistrot non loin du collège Édouard-Herriot avait le visage prématurément vieilli. Deux rides amères creusaient ses joues. Blond, les cheveux clairsemés, il semblait marquer la mesure silencieuse d'une musique qui résonnait dans sa tête.

– La fille de Gloomy, qu'est-ce que je suis content ! Comment va-t-elle ? C'est fou comme tu lui ressembles !

Au téléphone, Luce avait réutilisé le prétexte d'une surprise pour l'anniversaire de sa mère. « Mad Loulou », de son vrai nom Louis Pascal, ne s'était pas fait prier pour accepter le rendez-vous qu'ils avaient fixé pour le lendemain. Puis Luce avait essayé d'appeler à la maison ; personne ne répondait. Quant au portable de Léo, il était sur messagerie. Pas moyen de raconter à quelqu'un son incroyable découverte. Rageant. Le reste de la soirée, chez la cousine de Léo, Luce avait passé beaucoup de temps sur Internet à rechercher des informations sur

Dirty Sunday. Pas mal de références existaient dans des sites de musique métal. Un fan avait même composé plusieurs pages sur ce groupe étoile filante: trois ans d'activité, un seul disque, des centaines de concerts. Sur une photo de mauvaise qualité, on voyait Gloomy à la sortie d'une boîte de nuit, pendue au cou de son bassiste. Jupette courte et bas résille troués gainant ses jambes interminables, blouson de cuir serré, deuxième peau, et ces yeux comme deux trous noirs dans un visage en triangle. *Plus punk tu meurs.*

Le site déplorait l'arrêt du groupe, dissous du jour au lendemain à la suite d'une affaire de drogue. Gloomy était-elle allée en prison?

Le guitariste de Dirty Sunday la dévisageait paisiblement. Lasse de s'entendre rappeler la ressemblance avec sa mère, Luce avait eu la main moins lourde sur le maquillage. Louis Pascal lui souriait d'un air si franc qu'elle décida de ne pas lui mentir. En quelques mots, elle lui résuma la situation.

Le musicien ponctuait ses paroles d'un léger mouvement de la tête, comme s'il cherchait en elles le rythme secret qui les soutenait. Il prit son temps pour répondre. Soupir, silence, point d'orgue.

– Gloomy a toujours pratiqué des séparations nettes entre ses différents univers. J'ai beaucoup réfléchi à ça quand j'ai arrêté la drogue. Elle clivait ses relations.

«Je l'ai rencontrée, reprit-il, dans un des premiers concerts punk qui se donnaient à Paris. Ce soir-là, mon pote Nasty et moi, on jouait avec d'autres une musique complètement pourrie. C'était un copain de lycée, il s'appelait Bernard en réalité ! Cette fille s'est pointée en levant le nez, sublime et dérangeante comme un solo de Jimi Hendrix. Je me souviens de sa moue insolente quand elle a craché : "Pas mal, votre truc, mais ça pulse pas au niveau des textes."

« On a rigolé : "Vas-y, puisque t'es si forte." On la prenait pour une de ces groupies qui nous draguaient à la fin des concerts. Dans la seconde, elle nous a improvisé quelque chose. Ça nous a scotchés. Tellement qu'on n'a même pas pensé à lui demander qui elle était, ni d'où elle venait. Le titre de sa chanson, c'était « Gloomy ». Ça signifie « Sombre » en anglais. Super… C'est donc comme ça qu'on l'a surnommée, sans plus se poser de questions. Faut reconnaître qu'on se défonçait pas mal. Nos fenêtres de lucidité étaient étroites…

Le guitariste lâcha un rire amer. Dans ses yeux passaient un fond de nostalgie, beaucoup de dérision, et une immense tristesse.

– Dès qu'elle a intégré notre groupe, le succès est venu. Une voix comme la sienne, il n'y avait que Nina Hagen pour l'égaler. J'ai une pile comme ça de critiques délirantes. On vendait bien, on a fait une tournée en Europe… Tout aurait pu être génial, mais…

Louis Pascal s'interrompit brusquement. Il regarda Luce, si jeune, qui dessinait avec sa cuillère des rayons autour d'une tache de café.

– J'ai un fils de ton âge… Je ne suis pas sûr que j'aimerais qu'on lui raconte mon passé…

Luce leva les yeux, suppliante.

– Je vous en prie, je peux tout entendre… Tout à l'heure, vous avez prononcé le mot « clivé ». Vous voulez dire quoi par là ?

– Eh bien, une autre façon de le formuler, ce serait de dire qu'elle changeait… de partition. Une fois qu'elle avait décidé que quelque chose était fini, un amour, une passion, une chanson, hop, du jour au lendemain, elle l'effaçait de sa mémoire, de ses préoccupations, de sa vie.

La tache était un soleil sombre, les rayons hérissés en faisaient une fleur vénéneuse. Luce demanda, la voix sourde :

– Elle se droguait ?

Le musicien était perdu dans son passé. Plus rien ne pourrait endiguer le flot de ses confidences. Il haussa les épaules, désabusé.

– On prenait tous beaucoup de came. À ce moment-là, on gagnait pas mal d'argent, ça facilitait. On vivait la nuit. Gloomy sortait avec Nasty, le bassiste. Il y avait un vrai feeling entre eux. Il lui faisait lire les poètes. Rimbaud, Baudelaire, William Blake. Elle était avide d'apprendre, cette nana. Je lui ai donné quelques cours de solfège, elle captait tout du premier coup et elle n'oubliait rien. Enfin, ça, c'était avant que Nasty lui file sa première dose. Moi, Gloomy, j'en étais un peu amoureux. Comment ne pas s'accrocher à cette voix échappée de l'enfer ? Mais elle avait été tout de suite emballée par Nasty, « le beau démon au visage d'ange » comme le surnommaient les journalistes… Il est mort, tu sais ? D'une overdose, la semaine après le départ de Gloomy, quand il a réalisé qu'elle ne reviendrait pas.

– Pourquoi est-elle partie ?

Mad Loulou soupira. Il fronça les sourcils, cligna des paupières, comme pour chasser une poussière ou une image désagréable. Il était loin de ce bar miteux de banlieue, retourné là-bas, dans le passé de Gloomy.

– Un soir, après le concert, elle s'est changée, elle a pris des ciseaux, et en nous regardant droit dans les yeux, elle a taillé dans ses cheveux. C'était trop beau, un vrai geste *No future*. Elle a coupé tout très court, elle m'a demandé de le faire pour elle sur la nuque. On aurait dit un petit hérisson avec ses yeux mal démaquillés qui mangeaient son visage. Je pleurais, je te jure, je pleurais en le faisant. Longtemps, j'ai gardé une mèche. Elle avait des sueurs, elle tremblait. J'ai deviné qu'elle commençait une crise de manque.

« Elle nous a lancé : "Je vous dis adieu, *guys.*"

« Nasty n'a rien compris au film. Il applaudissait, dans les vapes. Il était chargé à mort. Elle a eu un geste de regret vers lui, elle m'a embrassé sur la joue. Je l'ai jamais revue.

D'une toute petite voix, Luce questionna :

– Et elle est partie comme ça ?

Louis Pascal secoua la tête d'un air navré.

– Elle était droguée jusqu'à l'os. J'ai longtemps eu peur d'apprendre son décès dans l'arrière-salle d'un bistrot, ou dans une chambre d'hôtel de seconde zone. Le producteur ne décolérait pas, sa poule aux œufs d'or avait mis les bouts. Et quand on a retrouvé Nasty dans le coma une semaine plus tard, ça a signé la fin de notre groupe.

La fin d'une époque. La fin de Nasty... C'était mon ami. Il était tellement beau, tellement jeune, tellement génial... Tout ça pour s'écrouler raide mort, une pompe plantée dans le bras dans les chiottes d'une boîte branchée... Merde.

Le musicien haussa les épaules. La suite était plus banale. Par chance, il avait une formation musicale classique. Devant la débâcle de son groupe et son état personnel de délabrement, ses parents avaient sifflé la fin du jeu. Plus de Mad Loulou. Ils l'avaient bouclé dans un centre de désintoxication en Aveyron, où Louis avait gardé les moutons le temps de se refaire une santé. Puis, après avoir terminé ses études de musicologie, il était devenu prof.

Louis planta son regard désenchanté dans les yeux de Luce. Il sourit sans joie.

– Tu peux me croire, les gamins qui me chahutent sont loin d'imaginer que j'ai fait partie d'un groupe mythique du *No future* punk des années quatre-vingt...

Luce demanda au musicien s'il pouvait lui suggérer une piste pour retrouver Gloomy.

– Non, je n'en ai pas la moindre idée... C'est vrai qu'elle est devenue journaliste? Quand elle reviendra, dis-lui que j'aimerais vraiment la revoir.

Mad Loulou se pencha vers Luce.

– En tout cas, je suis sûr d'une chose: la musique, c'était tout pour elle, et le chant, le chant exprimait son incroyable soif de vivre. Même dans les pires moments. Si jamais elle va mal, dis-lui ça de ma part, il faut qu'elle chante!

*

La joue appuyée contre la vitre du train, Luce regardait sans le voir le paysage qui défilait à grande vitesse. Elle ressassait avec incrédulité les informations qu'elle avait recueillies lors de son séjour à Paris. Sa mère, chanteuse punk et camée. L'image était inconciliable avec la personnalité de battante non fumeuse, petite consommatrice d'alcool, respectable et posée qu'Inès présentait actuellement ! Que s'était-il passé ?

Luce imaginait mieux à quel point ses propres tendances gothiques avaient pu ramener Inès à un passé qu'elle reniait. Un passé dont elle avait honte ? L'histoire s'arrêtait là, en 1982, à Paris. Où était-elle partie ensuite ? Quel chemin l'avait conduite d'un CAP de secrétariat à ce poste de journaliste en pleine ascension ?

Luce se demanda s'il restait des pistes qu'elle n'avait pas explorées. À quel moment, et dans quel lieu ses parents s'étaient-ils rencontrés ? À sa naissance, sa mère avait 30 ans, Luce n'avait pas souvenir qu'Inès ait évoqué le lieu de leur mariage.

« Une personnalité clivée… Elle tournait la page définitivement. Je me souviens qu'elle s'était coupé les cheveux… Je ne l'ai jamais revue… C'était la dernière fois que je la voyais… » Les bribes de phrases entendues depuis qu'elle avait commencé son enquête adoptaient la pulsation lancinante de la migraine qui ne la quittait plus. Agnès se coupait les cheveux puis devenait Gloomy, qui se coupait les cheveux et devenait X, qui se coupait les cheveux et devenait Inès, qui se coupait les cheveux et devenait…

Non ! Elle ne laisserait pas sa mère la plaquer comme elle l'avait fait de ses vies précédentes. Luce ne lâcherait pas. Jamais.

L'adolescente aurait bien aimé avertir Moony de son retour et lui raconter ses dernières trouvailles, mais son forfait de téléphone était épuisé. Tant pis ! Aucun espoir non plus que Léo vienne l'attendre à la gare, elle avait avancé son retour de quelques heures sans pouvoir le prévenir. Dommage. Il lui manquait. Trois jours qu'elle était partie, une éternité. Il lui tardait aussi d'être chez elle, pour étudier le décor de sa mère, à la lumière de ce qu'elle avait découvert. Il y avait peut-être des indices, des objets qu'elle ne remarquait plus, de trop les connaître…

Elle déboula dans la maison, surprise du silence qui y régnait. Le chien Poubelle leva à peine le nez de son tapis odorant quand elle passa à côté de lui. Preuve que Moony était ici. La paresseuse devait s'accorder une petite sieste !

Luce ouvrit sans ménagement la porte de la chambre d'amis où Moony avait pris ses quartiers.

– Debout, feignasse ! Tu vas pas en croire tes oreilles, j'ai plein de choses à te racont…

Sa voix s'étrangla dans sa gorge, une douleur insupportable lui lacéra la poitrine.

Moony, étendue sur le lit, l'air égaré, lui grimaça un sourire penaud par-dessus l'épaule de celui qui lui faisait l'amour. Cette nuque, ce dos, ces fesses, Luce les connaissait trop bien. Voilà pourquoi le téléphone ne répondait pas, ni le portable de Léo.

Le garçon tourna un visage consterné vers elle.
– Léo ! Comment…
Sa voix se brisa. Luce claqua la porte et, le cœur pulvérisé, elle se réfugia en trombe dans sa propre chambre.

13

Malgré l'irruption de Luce, ils prirent leur temps. Tant pis, avait soupiré Moony, maintenant que le mal est fait… La squatteuse n'avait guère eu de chance dans ses rencontres jusqu'à présent, même si elle croquait sans trop de scrupules les jolis gaillards qui passaient à sa portée. Avec Léo, c'était si différent. Comment résister ? Dommage pour la petite, mais de l'aveu du garçon, entre eux, ce n'était pas Broadway… La gamine s'y ferait, se rassura-t-elle en se laissant chavirer par une ultime vague de plaisir.

Ils avaient sympathisé devant l'ordinateur. Moony était douée, très douée, et Léo prenait goût à lui montrer des logiciels. Le premier soir, après le départ de Luce, il lui avait proposé de bâtir son propre site. Déjà, la jeune squatteuse éprouvait une petite faim pour ce jouvenceau à la stature prometteuse. Quand il lui expliquait les subtilités d'un programme, elle se sentait intelligente, gracieuse, jolie, ma foi… Mais elle se raisonnait. Le chéri de Luce, voyons… Il était déjà 3 heures du matin. Le temps passait si vite ! Le téléphone sonnait de temps en temps, le portable de Léo vibrait. Tacitement, ils avaient fait comme s'ils n'entendaient pas. Un des anciens clients de Jordan, sûrement. Les yeux larmoyants de fatigue, ils s'étaient décidés tout de même à éteindre l'ordinateur. Le site allait être magnifique. Leurs doigts s'étaient effleurés sur la souris. Une véritable décharge électrique. Qui avait fait le premier geste ? Impossible de se souvenir. Le reste se perdait dans un tourbillon de voracité fébrile. L'ordinateur avait couiné désespérément avant d'afficher : « *Ce programme va être arrêté, car il a effectué une opération non conforme.* » Pas faux. Pendant deux jours, ils n'avaient quitté le lit que pour se ravitailler en pizzas et boissons, donner à manger au chien qui hurlait à la mort devant la chambre. À la suite d'une conversation décisive et orageuse avec sa mère, Léo avait laissé son portable éteint. Le gendarme de Moony était reparti la tête basse, après avoir passé une soirée déprimante à consoler Poubelle sur le paillasson. Ce n'est que trop tard que la question de Luce s'était posée…

– Tu crois vraiment qu'il faut que je lui dise maintenant ? soupira Moony en s'étirant voluptueusement.

Léo lui caressa la hanche.

– À quoi bon traîner ? C'est déjà dur de l'avoir laissée enquêter sans lui avouer ce que tu savais sur sa mère… Alors, maintenant qu'elle nous a vus ! On n'a pas le droit de la trahir pour tout…

– Ça va lui faire un choc de se découvrir de la famille… Franchement, les idées d'Inès ! Enfin, qui vivra verra…

À regret, ils se levèrent, se douchèrent, s'habillèrent, et la main dans la main, le corps encore tout chaud de plaisir, ils allèrent frapper chez Luce. Comme elle ne répondait pas, ils entrebâillèrent la porte. La pauvre fille était dans son lit, recroquevillée sous sa couette, un oreiller sur la tête.

– Voyons, Luce, te bile pas comme ça… lâcha Moony d'une voix tendue.

Léo, dans ses petits souliers, ne trouvait rien à dire. Il s'approcha, posa la main sur son épaule. À ce contact, Luce se redressa, le regard noir.

– Ne me touche pas ! Comment as-tu pu faire ça ? Traître ! Je pars trois jours et… et…

Moony s'interposa alors que Luce se jetait sur le garçon. Ses réflexes de fille des rues reprenaient le dessus. Elle maîtrisa sans grand effort la furie qui crachait et griffait comme un chat en colère.

– Tu vas m'écouter, ma petite. Ouais, ça fait mal, tu te sens filoutée. Mais je te le jure, on voulait te causer à ton retour. T'as débarqué au *bad* moment… C'est comme ça. Avec Léo, qui sait où ça nous mène, mais c'est une histoire de peau. On s'est trouvés. On peut plus s'en passer.

Luce se retourna, méprisante, vers Léo :

– Elle prend ça comment, ta mère, que tu sortes avec une pute ?

Moony haussa les épaules.

– C'est minable. J'ai raconté ma vie à Léo, je lui ai tout dit de moi, même le plus moche.

Léo enlaça Moony en regardant Luce droit dans les yeux.

– Tout s'est toujours mal goupillé entre nous. C'est de ma faute. Je n'aurais pas dû sortir avec toi. On était si bien quand on était amis… Et j'ai tout gâché. Tu m'attirais. Je me suis trompé. Je comprendrais que tu me détestes…

Luce secoua la tête. Ces explications embrouillées, hypocrites, suintant les bons sentiments la dégoûtaient. Le salaud n'avait pas seulement pensé qu'à lui faire du bien à elle. Il s'était servi en premier. Les justifications vertueuses venaient bien tard. Elle ne souhaitait qu'une chose, se retrouver seule, les envoyer au diable tous les deux. Elle se sentait salie, abandonnée, trahie.

Elle grinça :

– Dehors ! Cassez-vous, je veux plus vous voir !

Mais ils ne partaient pas. Ils se regardaient, hésitants.

– On t'a pas tout dit…

– Quoi encore ?

Moony s'approcha de Luce jusqu'à la toucher. Son visage reflétait une sorte de tendresse empreinte de pitié.

– On se doutait bien qu'on pouvait pas réparer ton malheur sur ce coup-là, alors on s'est juré d'être honnêtes avec toi, parce que, franchement, t'es une pépette nickel… J'ai un truc à t'avouer sur Inès.

Luce perdit pied. On changeait de sujet, là ; et ça faisait très peur, d'un seul coup. Moony avait l'air de couver une mauvaise nouvelle, sourcils froncés, gros soupirs, mains qui tortillent un coin du couvre-lit. Son regard fuyait celui de Luce. Déjà l'image d'Inès était saccagée par ce qu'elle avait découvert d'elle à Paris, qu'allait donc lui annoncer Moony avec cette face d'enterrement ? Un courant de terreur la traversa.

Maman ! Il lui est arrivé quelque chose ?…

Moony se racla la gorge, quêta un peu du soutien du côté du jeune homme qui la contemplait avec gravité et adoration. Puis elle se lança :

– Je suis con, j'aurais dû te dire ça avant. Je suis sûre qu'on en aurait bien rigolé ensemble… Accroche-toi, poupée, ça va pas être facile à digérer…

– Non, mais c'est bon, tu accouches, oui ?

Moony ne put masquer un sourire désenchanté.

– Tu vas pas être déçue du bébé : Inès est ma sœur aînée. T'es pas obligée de m'appeler Tantine.

14

Luce, les yeux écarquillés, sanglotant, balbutiait des insultes et appelait sa mère en cognant sur son oreiller. Moony n'avait trouvé d'autre solution que de la secouer un bon coup. Elle avait jugé préférable que Léo rentre chez lui, car chaque fois que Luce l'apercevait, elle fondait en larmes. Moony raccompagna son amoureux jusqu'à la porte, l'embrassa longuement, puis elle se rendit de nouveau dans la chambre de sa nièce avec une tisane brûlante.

– C'est Léo qui m'a convaincue de te parler. Moi, j'aurais bien laissé Inès se dépatouiller avec ses idées de génie. Ça m'apprendra à rendre service. Léo, il savait rien avant que je lui raconte hier. Il faut me croire.

Moony s'assit sur le lit. Bordée jusqu'au nez, Luce, son nounours râpé dans les bras et le visage barbouillé de larmes, la lorgnait avec méfiance.

– Inès et moi, nous avons la même mère, Monique Morian. Inès est l'aînée. Sitôt pondue, sitôt oubliée après quelques semaines de pouponnage. Apparemment, La

Monique adorait les bébés de moins de 6 mois. Moi, je suis la dernière de la liste.

Sourcils froncés, loin de l'insouciance fantasque qui lui était coutumière, la squatteuse s'était mise à tresser les franges de son écharpe écossaise. Elle releva les yeux avec un sourire piteux.

– La brave femme à court d'idées m'a fait une fleur, elle m'a refilé son prénom ! Merci du cadeau, je l'ai transformé en Moony. C'est mieux, non ?

Luce ne répondit pas. Elle regardait, effarée, cette zonarde qu'elle avait sortie de la rue revendiquer les liens du sang. La squatteuse se détendait. D'après elle, comme cela arrive souvent aux enfants abandonnés, Inès s'était interrogée sur sa mère, à l'orée des 40 ans. La recherche n'avait pas été très difficile. Monique était plus fidèle à son quartier qu'à ses amants. Elle n'avait bougé que de quelques rues depuis la naissance d'Agnès.

En revanche, pour reconstituer la fratrie, ç'avait été plus compliqué. Luce était dotée d'une douzaine d'oncles et de tantes dans la nature, et au bas mot, du triple de cousins, pas tous fréquentables, ventilés dans toute la France aux bons soins des services sociaux ou de l'administration pénitentiaire. Agnès avait remonté chacune des pistes, jusqu'à Moony. Elle l'avait retrouvée il y a un peu plus de deux mois. Dans son cas, l'enquête avait été difficile, car Moony était sans domicile fixe et c'est grâce à l'aide de Camille, sa voisine, qu'elle avait pu la localiser. De ça non plus, Léo n'était pas au courant.

– Avec son tailleur blanc nickel, un jour, Inès a débarqué dans mon squat. Elle n'avait guère l'air effrayé.

Pas de mots de pitié, pas d'épanchement. Incroyable. J'avais trouvé une frangine, et pas une qui faisait honte... Elle m'a passé de la thune pour que je loge dans un hôtel bon marché qui acceptait les chiens. Je crois qu'elle voulait me tester avant de décider si elle pouvait me faire confiance. Pas grand-chose ne l'impressionnait, la sœurette, malgré son fric et ses pompes de luxe ! J'ai deviné qu'elle avait roulé sa bosse, et qu'elle connaissait la rue.

Moony avait le regard brillant, presque joyeux. Ce que cette rencontre avait représenté pour la jeune SDF affaiblie par le froid et la galère, Luce dans sa détresse ne pouvait pas le comprendre. Un miracle. Inès lui avait procuré un gîte et quelques heures de ménage chez une copine de boulot. La chance revenait-elle enfin ? Les deux sœurs s'étaient revues, pour tisser à tâtons une fragile complicité.

Moony secoua la tête.

– Et puis, il y a un mois et demi, Inès m'a filé un rancard au centre-ville. On a marché un moment, elle m'a payé une pizza. Elle était obligée de partir, ça l'embêtait de te laisser car tu lui en faisais voir des vertes et des pas mûres, rebelle comme un épi sur le crâne de Tintin...

« "Tu vois, malgré ton éducation à la cuillère d'argent, c'est dans les gènes !" que je lui ai dit. Ça l'a pas décoincée.

« – Je veux que tu veilles sur elle. C'est ta chance. Elle doit pouvoir se débrouiller, mais si ça tourne au vinaigre, tu interviens.

« – Banco, j'ai répondu, mais les limites, je les mets où ?

« La frangine a lâché un petit sourire, ça faisait peine, on voyait qu'elle bataillait ferme contre la déprime.

«– Pas de drogues dures, pas de violence. Pas de délits. OK ? Le reste, c'est son affaire.

«– Mais comment je fais pour la surveiller ? Je lui dis : "Bonjour, je suis ta tante" ? Elle va avoir un choc !

«– Pas besoin. Dès qu'elle réalisera que je suis partie, je te parie qu'elle organisera une fiesta à tout casser, avec sa bande d'oiseaux de nuit. Facile pour toi de t'introduire. Après, tu t'incrustes.

«"C'est bon d'avoir une famille", j'ai rigolé. Elle m'a filé un peu de blé, et un numéro de téléphone, au cas où. J'ai vérifié. C'est en Espagne, à Grenade. J'ai même trouvé l'adresse qui correspond. *Chez Titi*, un restau, drôle de nom. Je sais pas, moi, pourquoi elle est partie, elle a pas voulu expliquer. Mais à sa façon de parler, j'ai deviné que ça pouvait durer longtemps. Elle m'a fait un papier qui m'autorisait à loger chez vous, le temps de son absence. Tu vois, je pourrais rester, mais je comprends que c'est plus possible. T'inquiète, je me casse.

Moony s'éclipsa, laissant Luce sidérée, écrasée par des sentiments divers.

Trahison, d'abord. Moony qui l'avait laissée se dépatouiller avec ses interrogations, ses tâtonnements, alors que depuis le début, elle savait qu'Inès était en Espagne. Léo, qui, à la première occasion, l'avait trompée avec, avec… sa tante !

Humiliation ensuite. Camille suivait l'affaire depuis le début. Pas étonnant qu'elle n'ait pas réagi au fait qu'à 16 ans Luce vive seule ici. Elle estimait qu'elle était sous la garde de Moony… Grotesque ! Qui voudrait d'une tante comme elle ? On lui mentait depuis toujours. Même Poubelle en savait plus qu'elle !

Une colère violente, mêlée d'une pointe de soulagement meurtri, la secouait. Tout de même, Inès ne l'avait pas abandonnée, elle avait tout organisé… même si elle ne l'avait pas fait comme une mère normale. Il y avait de la Gloomy dans son attitude, quelque chose de fou…

En passant devant l'ordinateur maternel, une idée traversa Luce. Elle mit en marche l'appareil, et tapa *Gloomy* quand la demande de mot de passe s'afficha. Gagné. Le bureau apparut. Il était nettoyé, sauf les dossiers d'applications habituels et un document où était écrit son prénom. Luce cliqua.

Ma belle, si tu es arrivée jusqu'ici, c'est que tu as percé ma part d'ombre. Gloomy, la punkette des années quatre-vingt. Les enfants fouillent toujours dans les affaires des parents. Par quel biais auras-tu trouvé ce document ? En tombant par hasard sur un site consacré à la musique punk ? Parce que enfin l'étau de nos conflits se sera desserré, et que je te ferai lire ces quelques lignes ? Je me demande souvent si je n'ai pas eu tort d'installer un tel rideau opaque entre toi et mon passé. Comme si j'en avais honte. Mais non, même pas. Je voulais juste ne plus en entendre parler.

Que te raconter de mon enfance ? Les familles d'accueil ? Quel accueil, parfois ! Non, les mots se refusent. Je n'ai jamais aimé que l'on s'apitoie sur mon sort. Un souvenir unique mérite d'être conservé.

Quand j'étais une toute petite fille, j'ai vécu quelque temps chez une gentille tantine. Je n'ai jamais su par quel miracle son mari possédait une culture musicale, mais tonton Robert a commencé à m'apprendre le piano. Je me souviens que tantine Josette adorait coiffer mes longs cheveux. J'y suis restée trois ou quatre ans… Mais ce couple s'attachait trop à moi, ils avaient même entrepris des démarches pour m'adopter. Erreur fatale. Je devais avoir 6 ans quand les services sociaux ont jugé qu'il fallait me changer de famille. L'assistante sociale est venue me chercher. Ils pleuraient. Moi, je ne montrais rien. Déjà.

Le soir même, on m'emmenait. Le lendemain, c'était dimanche. La nouvelle nourrice estimait que ce n'était pas pratique, ces longs cheveux, et pas bien hygiénique. J'entends encore ses ciseaux cliqueter autour de ma tête pendant que les mèches humides tombaient tout autour de moi sur le carrelage de la cuisine. L'offrande du chagrin. Sale dimanche. Dirty Sunday.

Non, je n'ai guère envie de te faire partager tout ça. Pas de risque, on ne se dit rien en ce moment. Mais je dois avouer que ton changement de look réactive douloureusement une autre phase de mon passé. Dirty Sunday, justement…

Bien que je ne veuille pas te jeter la pierre, tu comprendras à la lumière de ce que tu as appris sur moi que le jeu avec l'ombre, l'univers gothique, le No future de ma jeunesse ne peut que m'insupporter. À cette époque, j'ai franchi toutes les limites. J'ai fait toutes les expériences, j'ai risqué tous les dangers. J'ai vu mourir des amis de la drogue, je m'y suis enfermée. La sœur de solitude me berçait, m'empêchait de ressentir l'horreur d'une enfance ballottée, maltraitée. La musique saturée me permettait d'exhaler ma haine, ma peur, ma douleur, ma vitalité aussi.

Je chantais bien, tu sais. Ma voix coulait dans les veines de mes fans comme la drogue qui m'imprégnait. Je recevais des *sacs de courrier. Une petite, surtout, une gamine – pas plus de 14 ans – m'adressait des lettres bouleversantes. Elle m'adulait. Je représentais pour elle le comble du romantisme désespéré. Pour moi, c'était un jeu, j'avais traversé tant de galères que je me savais insubmersible… Pas elle ! Je lui répondais à la façon des punk-stars de l'époque* no future : « *la vie ne vaut rien, faut se foutre en l'air dans un dernier spasme* ». *La petite prenait ça pour argent comptant. Un jour, c'est sa sœur aînée qui est venue m'attendre à la fin du show. La frangine m'a regardée de haut en bas, elle a détaillé mon maquillage, mon accoutrement de punkette. Je n'avais qu'une envie, qu'elle se tire, pour m'envoyer dans les veines une dose d'enfer. Elle m'a tendu une photocopie. Un mot griffonné à la hâte, qui reprenait mot pour mot les paroles d'une de mes chansons les plus noires. La gamine s'était foutue en l'air. Un beau vol plané du 12e étage de son HLM.*

Deux heures après, je plaquais tout.

Moi, je m'en suis sortie. On dit que tout ce qui ne tue pas rend plus fort… ou handicapé ? J'étais forte, forte d'avoir survécu à l'abandon de ma mère, aux maltraitances des nourrices successives. Et à l'amour de certaines aussi, qui rendait encore plus dures les séparations. Personne ne pariait sur moi, ni la société, ni la famille que je n'avais pas. Il fallait bien que moi je le fasse…

Mais toi ?

Bien sûr, on peut comprendre que tu aies souffert de la mort de ton père, mais j'ai fait de mon mieux pour créer autour de toi la sécurité et le confort que je n'avais pas connus dans mon enfance. De ma part, tu n'as jamais craint l'abandon. Est-ce pour cela que tu piétines mon affection ?

Ton attitude de ces derniers mois me rend folle d'inquiétude. Je t'ai tellement gâtée ! Je redoute que tu ne manques de solidité pour résister au moindre aléa. Et s'il m'arrivait quelque chose ?

Je m'en veux de t'avoir élevée dans du coton. Un jour, tu devras trouver tes marques toute seule, apprendre à survivre sans filet, en pleine autonomie.

Bon, ceci n'est pas une lettre, seulement quelques réflexions jetées pour m'aider ce soir d'hiver où tu ne m'as même pas téléphoné pour me prévenir de ton retard. Je ne t'en veux pas, je sais qu'il est important que tu prennes ton envol. Mais pas contre moi... Pour toi, rien que pour toi.

Le document s'arrêtait ainsi. Luce vérifia sa date de création et de dernière modification : le 12 décembre, bien avant le départ d'Inès.

Luce y voyait un peu plus clair sur les motivations de sa mère. Lui donner une certaine autonomie. *OK, mais dans ce cas-là, pourquoi m'avoir collé dans les pattes une tante déglinguée qui me pique mon petit copain à la première occase, et pourquoi me faire espionner de loin par une femme flic ? Bonjour la prise de risque !*

Et surtout, pourquoi partir sans rien dire ?

Une brusque bouffée de désespoir l'envahit. Comment rester ici à attendre, avec Moony et Léo qui s'envoyaient en l'air dans la chambre d'à côté ? Le lycée était fini, elle pouvait partir. Mais où ?

D'un coup, le récit de Mad Loulou, le prof de musique, lui revint en mémoire. Le visage las, les mèches courtes de ces derniers temps. Inès s'était coupé les cheveux. *L'offrande du chagrin.* Elle ne reviendrait pas...

Ah, mais non, ce n'était pas possible…

La solution s'imposa d'elle-même. Il lui fallait retrouver sa mère, qu'elles règlent ensemble une bonne fois pour toutes ces questions, qu'Inès et elle discutent enfin franchement.

Elle irait en Espagne.

Luce déboula dans le salon, où Moony, immobile, regardait fixement par la fenêtre.

Son sac était prêt, son chien gémissait en lui donnant de petits coups de museau. La zonarde soupira.

– Ici, j'ai vécu les moments les plus régalants de ma vie. Presque deux mois à pénarder, sans flipper, à l'abri… Et bien sûr, j'ai tout gâché, c'est bien moi, ça ! Mais je regrette rien. Léo, je l'aime grave… Pour une fois que… Dommage. T'en fais pas, Luce, je taille la route.

Moony se retourna, ses joues étaient luisantes de larmes.

– Et puis pour de vrai, je t'aimais bien, t'es plutôt sympa… Un peu bidon, mais ça te passera…

Poubelle redoubla de gémissements. Il sautait, fébrile, sur Moony, diffusant autour de lui des effluves fétides. Luce s'approcha de la SDF avec dégoût.

– Pas de cirque, Monique, pas la peine de pleurnicher, c'est moi qui me tire. Je vais rejoindre ma mère en Espagne. Tu peux rester ici si tu en as envie, je m'en fous. Si tu pars, laisse les clés à la mère de Léo. Qu'elle soit utile à quelque chose. Au moins, on sera sûres de ne pas être cambriolées.

Toutes les objections de Moony ne servirent à rien. Luce était décidée. Elle avait une autorisation permanente de sortie du territoire signée par sa mère lors d'un voyage scolaire. Une rapide consultation d'Internet lui apprit que si les billets d'avion étaient au-delà de son budget, il existait des trains pour Grenade. Elle devait changer à Barcelone, puis traverser l'Espagne de nuit. Elle retrouverait Inès. Où qu'elle soit.

LUZ

15

Ballottée sur le siège de la navette *Alhambra-Albaicín-Sacromonte*, Luce regardait défiler les rues d'un blanc éclatant aux ombres bleutées que le soleil découpait au rasoir. La climatisation poussive du bus ne parvenait pas à lutter contre la chaleur de plomb fondu qui rendait l'atmosphère irrespirable. Pourtant, la jeune fille n'avait guère le cœur d'admirer les splendeurs andalouses de l'ancien quartier maure. Pourquoi sa mère était-elle venue se perdre ici ? La perspective de la retrouver tout à l'heure la faisait osciller entre petits à-coups d'impatience et tressaillements douloureux d'appréhension.

Le bus déboucha dans une large avenue longeant un maigre cours d'eau. Sur l'autre rive, les murailles rougeâtres d'une forteresse dominaient une colline émeraude. La femme assise à côté de Luce lui donna un coup de coude. « *La Alhambra. ¿Bonita, no*[10] *?* » La jeune

10. Joli, non ?

fille fit oui de la tête, plus pour être polie que par réel intérêt, mais cette entrée en matière lui permit de montrer l'adresse de sa mère et de demander timidement en espagnol : « Je descends où ? » Un œil offusqué de duègne la cloua sur son siège, elle, et ses 16 ans de noir vêtus, avec son maquillage défraîchi d'infante dévergondée de retour d'une rave partie. Luce entendait grincer les pensées de sa voisine : si jeune, aller divaguer dans ce quartier dangereux…

Elle se rapprochait de sa destination. Son cœur battait de plus en plus fort. Jusqu'à présent, elle n'avait pas voulu se préparer à ces retrouvailles.

Cent ans s'étaient écoulés depuis la découverte de la lettre où Inès annonçait son départ. Cent ans depuis cette fête où, pour la première fois, elle avait parlé à Léo. Un brusque retour de chagrin la fit gémir intérieurement. *C'est fini de toute façon. Réfléchis plutôt à ce que tu vas dire. Comment Inès va-t-elle t'accueillir ? Et si elle t'avait déjà rayée de sa vie ? Tout de même, je suis sa fille, sa fille unique… Elle ne peut pas me rejeter comme ça, non ?*

Perdue dans ses pensées, Luce encaissa un nouveau coup de coude alors que le bus ralentissait. D'un mouvement de menton, la femme désigna une colline façon taupinière pelée. Un rempart ocre la traversait de haut en bas. Des figuiers de Barbarie poussiéreux en étaient la seule végétation.

Impossible, ça ne peut pas être là. Sur les hauteurs de la butte, elle distinguait un réseau de sentiers de chèvres et des trous creusés dans la terre jaune. Une mine ? La rue que la navette empruntait n'était pas simplement adossée à la colline, elle se confondait avec. Les murs blanchis à la chaux, les pots de fleurs, les barreaux forgés donnaient une fausse apparence de maisons à des cavités affleurant de la terre. Des habitations troglodytiques ! Et plus on s'élevait, plus elles semblaient sommaires : là-haut, de pauvres murs peinturlurés de blanc bouchaient ce qui ressemblait à des entrées de terriers. Luce descendit du bus, hésitante.

Sur le trottoir, la chaleur l'écrasa comme un marteau-pilon. Il était déjà 11 heures.

Indécise, elle regarda autour d'elle. Une pancarte écrite en lettres bleues maladroites : *Café TITI* signalait, un peu en surplomb, les parasols publicitaires d'un café. *C'est ici ? Ce bistrot ?* Luce gravit quelques marches. La large terrasse était déserte. Malgré l'ombre d'un pied de bougainvillée écarlate, les dalles renvoyaient une chaleur sèche et poussiéreuse intenable.

Elle pénétra avec crainte dans le petit bar tout en longueur qui s'enfonçait dans la roche. La fraîcheur la surprit. Éblouie par la lumière crue de l'extérieur, elle eut du mal à s'adapter à la pénombre. Puis elle distingua des parois carrelées à mi-hauteur de céramiques arabes colorées, de grandes photos de gitans, un comptoir récuré jusqu'aux veines du bois, des étagères méticuleusement rangées. L'homme au teint mat qui lisait un journal derrière le bar devait avoir la cinquantaine. Le visage buriné et paisible, le regard gris, il observait sans le moindre signe d'intérêt cette gamine attifée de noir, rouge de chaleur, qui traînait sur ses talons un gros sac de voyage.

La voix tremblante, la jeune fille souffla d'un ton interrogatif :

– Inès Capileira ?

L'homme tourna son regard impassible vers la porte. Sans bouger un cil, il articula :

– *No está*[11].

– Elle n'est pas là ?

Luce s'affola.

– Mais elle va revenir ?

L'homme secoua la tête, à l'économie.

– *Se fue*[12].

Il paraissait comprendre le français, même s'il ne daignait pas en prononcer un seul mot. Sans plus s'occuper de sa visiteuse atterrée, il reprit sa lecture.

Voilà. Et qu'est-ce que tu fais maintenant ? Tu as dépensé tes derniers sous pour débouler jusqu'ici, bille en tête, sans réfléchir ni prévenir, et elle n'est plus là, elle est partie... Pour la France ? On s'est croisées. J'aurais dû lui laisser un message...

À moins que... Une morsure de chagrin la fit grimacer. Moony n'avait pas tenu sa promesse, elle avait prévenu Inès qui s'était enfuie, qui ne voulait plus d'elle.

Voyant qu'elle ne semblait pas vouloir bouger, l'homme tourna vers la Française ses yeux indifférents. Il lâcha du ton dubitatif du cafetier qui ne court pas après la clientèle :

– *¿ Quieres beber algo*[13] ?

---

11. Elle n'est pas là.
12. Elle est partie.
13. Tu veux boire quelque chose ?

Si elle voulait boire quelque chose ? Luce, les jambes coupées par le découragement, glissa sur la banquette de ciment installée en face du bar. Elle ne savait plus où aller de toute façon. Elle bredouilla d'une toute petite voix :

– Un café, *por favor*.

Le patron se tourna vers le percolateur chromé. Avec des gestes parcimonieux, il prépara une tasse. Puis, tandis que le breuvage coulait, il appuya sur un bouton de la petite chaîne stéréo posée dans une niche à l'angle du comptoir. La voix méditative d'une clarinette s'éleva dans la pénombre du troquet andalou. C'était l'adagio d'un concerto de Mozart. Luce avait adoré ce morceau lors de sa dernière année de conservatoire.

L'homme, la main appuyée sous le menton, regardait en lui-même. Sa respiration accompagnait imperceptiblement les volutes subtiles de l'instrument. Il faisait frais ici, la salle déserte était tranquille, la musique caressait la blancheur de la roche chaulée, la clarinette semblait narguer les photos de gitanes ridées comme de vieilles squaws et les affiches d'artistes flamenco, un peu ridicules dans leurs habits de scène. Au concerto pour clarinette avaient succédé les variations Goldberg de Bach. Par des mouvements de tête approbateurs, le cafetier saluait la virtuosité du pianiste. Le temps n'existait plus, la musique avait tout envahi, Luce ne pensait plus à rien. Quand le silence revint, l'absurde de la situation la fit tressaillir. Était-elle vraiment dans un bistrot du Sacromonte, en compagnie d'un gitan entre deux âges, amateur de classique ? Où se trouvait sa mère ? Brusquement, elle bouscula la méditation mélomane du gitan.

– Monsieur ?
– Appelle-moi Titi.
– Inès est partie quand ?
– Il y a quelque temps.
– Elle est où ?
– Je ne sais pas.
– Elle repassera ?
– De temps en temps. Reviens demain.
– Quand elle était ici, elle avait un appartement ?
– Non.
– Mais qu'est-ce que je vais faire ?
– *No sé. Esperar*[14]...

Luce soupira. Ce premier échange en espagnol l'avait épuisée. Elle ne tirerait rien de plus de ce gitan encore plus laconique que le plan de Grenade fourni par Moony. L'horreur de sa situation lui apparut soudain. Elle était seule, dans cette ville étrangère, à devoir attendre le retour hypothétique de sa mère. Attendre ? Mais où ? Elle n'avait même pas un endroit où dormir ! Il était urgent de trouver une chambre pour poser ses affaires, réfléchir à la suite...

Elle se leva, ramassa la monnaie de son café. En la rangeant dans sa pochette, elle retrouva la carte que l'Espagnole lui avait donnée le matin même. Pourquoi pas, après tout, ici ou ailleurs ! Elle dégagea sa valise et se dirigeait vers la sortie quand elle se ravisa.

– *¿ Dónde está la casa de Lola la Saetera*[15] ?

---

14. Je ne sais pas. Attendre...
15. Où est la « maison Lola » ?

– *Muy cerquita*[16]. Il faut prendre le passage, là, puis à droite… Reviens demain, répéta-t-il.

Derrière le bistrot démarrait un raidillon poussiéreux qui serpentait à flanc de colline. Elle longea des façades blanches et fermées exhalant une haleine de caverne et d'oignons rissolés. Midi. La chaleur était cruelle, le bagage ballottait sur les cailloux de la piste. Luce marchait comme un automate, parce qu'il n'y avait pas d'autre solution qu'avancer et qu'il ne fallait pas, surtout pas, sous peine de céder à la panique ou de s'effondrer, qu'elle se demande ce qu'elle faisait là, à tirer un sac trop lourd sur le sentier surchauffé d'une termitière andalouse. Des hommes sombres assis sur des chaises devant leurs maisons la suivaient de leurs yeux noirs comme l'olive, des ados vipérins sifflaient : « Tss tss » sur son passage, des enfants débraillés ricanaient. Et si la *señora* Lola appelait les flics en la voyant louer une chambre, elle, une mineure ?

La Casa Lola était la dernière de la rue. La façade étroite, immaculée, couverte de pots de fleurs cachait une grotte fraîche. De coquets rideaux à volants à pois rouges et blancs masquaient les ouvertures et affichaient définitivement la consécration du logis à l'univers flamenco. Tout était d'une propreté maniaque. Les dizaines de casseroles de cuivre étincelantes accrochées au plafond et aux murs évoquaient la folie collectionneuse de tantine Suzanne. Quand Luce toqua à la porte entrouverte, la dame raccrochait le téléphone.

---

16. Juste à côté.

– *Hola.*
– *Hola.*

Luce lui tendit le mot griffonné sur la carte. Aucun sourire n'éclaira la face large et impassible de la logeuse alors qu'elle détaillait la Française de haut en bas. L'adolescente, dans ses petits souliers, attendait le résultat de l'examen. La femme tordit la bouche, soupira: « *Qué lástima* », avant de marteler tout un laïus à un rythme de castagnettes. L'oreille de Luce s'habituait. Des quelques phrases qu'elle réussit à intercepter, il ressortait qu'elle la trouvait bien jeune pour vagabonder toute seule sur les routes, qu'elle pouvait louer une *cueva*[17] pas chère, 40 euros, très, très jolie, avec vue sur l'Alhambra! Combien de temps comptait-elle rester ici?

Luce n'en savait rien, la femme ne lui laissa pas le choix. C'était deux nuits minimum, réglables d'avance. Elle paya, ce qui l'allégea de ses derniers billets.

La señora décrocha une clé sur un panneau de bois. Malgré sa taille large et son postérieur imposant, elle marchait avec grâce, et Luce qui la suivait en soufflant remarqua ses fines chevilles et son port de danseuse. La chambre se trouvait un peu plus haut, la dernière d'un alignement d'appartements creusés dans la terre. « Normalement, je ne la loue pas, c'est ma fille qui y vient de temps en temps. C'est tout petit, mais elle s'y sent bien! »

La fameuse *cueva* était une caverne exiguë dont les parois avaient été blanchies à la chaux, tout juste assez grande pour contenir un lit à la couverture multicolore

17. Grotte. Ici habitat troglodytique.

impeccablement tirée, une armoire sombre, un coin salle de bains, et une kitchenette dans un placard. La porte d'entrée donnait sur une minuscule terrasse bordée de lauriers-roses, ombragée par une tonnelle croulant sous le jasmin en fleurs. Une table de fer était posée là, avec deux chaises peintes en vert.

La vue était époustouflante. À leurs pieds, sous les assauts du soleil, s'alanguissait la ville de Grenade. Un fouillis de maisons blanches aux toits de tuiles romaines, parcouru de ruelles tortueuses cascadait jusqu'à un mince ruisseau traversé de petits ponts de pierre. Sur l'autre rive, au faîte d'une colline couverte d'un maquis épais, surplombant une falaise, la masse paresseuse de l'Alhambra étalait ses murailles ocre d'où s'échappaient palmiers, cyprès et toute une végétation généreuse d'oasis. Au loin, des montagnes aux sommets enneigés tutoyaient le ciel d'un bleu mauresque.

– *¿Estupendo, no*[18]*?*

Après un dernier signe poli, la *señora* Lola repartit sur ses chevilles dansantes, laissant la petite Française à sa solitude.

Luce s'assit sur le lit, le cœur gros. *Et maintenant, tu fais quoi, hein ? T'as l'air malin...* Toute la fatigue de sa nuit passée à somnoler sur un siège de train, le stress de l'arrivée, l'espoir et l'angoisse de retrouver sa mère, la fierté de s'être repérée toute seule dans une ville étrangère, la rude déception dans le bistrot de Titi lui pesèrent sur les épaules. Elle s'allongea, soupira, ferma les yeux et s'enfonça dans le sommeil.

18. Superbe, non ?

16

Quand Luce se réveilla, elle ne savait plus où elle était. Elle frissonna. Les murs de la grotte exhalaient une fraîcheur humide. Sur la terrasse, la chaleur la suffoqua. Il était 14 heures, elle avait faim, mais la perspective de traverser cette fournaise l'accablait. Peut-être son hôtesse pourrait-elle lui céder un peu de pain ?

Elle frappa à la porte, demanda timidement si la *señora* voulait bien lui vendre quelque chose à manger. Lola acquiesça et prépara un sandwich au chorizo qu'elle lui tendit avec une pêche.

– Trois euros, annonça-t-elle sans un sourire.

Bon, Luce pouvait s'estimer heureuse, elle avait au moins trouvé un gîte, elle n'allait pas se plaindre que la tendresse humaine ne soit pas comprise dans le service. Elle se réfugia dans sa chambre. Le sandwich fortement épicé lui fit monter les larmes aux yeux. Incapable de le terminer, elle jeta le reste à la poubelle.

Devant elle, la journée s'annonçait interminablement vide. Cependant, elle n'envisageait pas de rentrer en

France. Elle n'y avait plus sa place. Là-bas, elle ne retrouverait que traîtrise, cruauté, solitude, et Moony avec Léo… Pourtant, la situation ici n'avait rien de réjouissant. Faire parler le gitan du bar *Café Titi*? Elle n'était pas de taille. «Attendre. Revenir demain.» C'est ce qu'il avait dit. *Si le silence est d'or, ce type doit être riche à millions*. Soudain, elle réalisa qu'elle n'avait même pas pensé à lui laisser un message pour Inès au cas où elle passerait récupérer son courrier.

Elle but en grimaçant un grand verre d'eau fortement javellisée. Puis elle consulta son portable. Elle n'irait pas loin avec. Son forfait était quasiment épuisé. Les SMS sans intérêt de ses copains lui étaient surfacturés à elle depuis qu'elle était à l'étranger. De toute façon, dans sa déroute, elle avait oublié son chargeur. Son cœur se serra. Sa mère ne pourrait pas la joindre si elle la cherchait… Luce haussa les épaules. Depuis son départ, le portable d'Inès était lui aussi aux abonnés absents. Alors, la jeune fille se força à réagir, but encore un verre et se prépara à sortir.

Sur le chemin, il n'y avait pas l'ombre d'un passant. Un chien, seul, haletait sous un figuier de Barbarie. Tout le monde devait faire la sieste. Des maisons fusaient parfois des dialogues de séries sentimentales télévisées.

Le bar était désert. Le cafetier ne semblait pas avoir bougé. Il leva un sourcil interrogateur quand Luce fit irruption dans la salle.

– *¿Sí?*

– J'ai oublié de vous dire… Si elle passe, enfin, quand elle passera… Vous pourriez prévenir Inès Capileira que je suis ici?

Le deuxième sourcil imita le premier en signe de perplexité. L'homme soupira.

– Tu es qui ?

– Sa fille, Luce…

– Bien.

Et Titi se replongea dans la lecture de son journal. Il devait le connaître par cœur, à force. Elle n'en tirerait rien de plus.

Luce partit à la recherche d'une banque. Il ne lui restait qu'une vingtaine d'euros en petite monnaie, et doña Lola était gourmande !

La jeune fille s'engagea sur le paseo de Los Tristes. La large avenue bordée de cafés tentateurs lui rappelait les vacances. Combien de glaces écœurantes avaient-elles consommées ensemble sur des terrasses semblables pendant leurs séjours dans le Midi ? Souvenirs sucrés et mornes. Il y avait fort à parier que l'ancienne punk star devait, elle aussi, agoniser d'ennui dans cet abrutissant huis clos mère-fille qu'aucun homme ne venait égayer.

Inès parlait très bien espagnol. L'avait-elle appris à Grenade ? se demandait Luce en longeant une file de magasins touristiques bourrés d'éventails, de castagnettes et de robes à volants aux couleurs criardes. Ce prénom d'origine ibérique n'était-il pas un indice ?

Gloomy avait fui Paris, droguée et désespérée. On la retrouvait bien plus tard à Lyon, journaliste en vue, rebaptisée Inès Capileira. Pourquoi avait-elle de nouveau disparu, après toutes ces années de stabilité lyonnaise en prétextant ce minable voyage en Australie ? À quoi, à qui voulait-elle échapper ? À Luce ? Pourquoi venir précisément ici ? Moony était catégorique, Inès lui avait fourni le téléphone du café *Titi* le jour même où elle lui avait demandé de surveiller Luce. Un numéro qu'elle avait recopié de son organizer. Vu le standing du bistrot andalou, elle ne l'avait pas choisi dans un guide touristique. Le gitan n'avait guère semblé surpris par l'arrivée de Luce ! Il devait jouer un rôle, un rôle imposé par Inès. Mais lequel ? Pourquoi ?

Absorbée par ses réflexions, Luce arriva enfin au centre-ville. Plusieurs banques proposaient des distributeurs automatiques de billets. L'adolescente introduisit sa carte dans le premier et tapa son code. Au bout d'un temps assez long, l'écran de l'appareil annonça en trois langues, histoire de bien se faire comprendre :

La transaction a échoué.

Étonnée, elle réessaya à deux autres endroits, mais obtint toujours la même réponse. Lors de la troisième tentative, sa carte fut avalée. La jeune fille attendait devant la machine, comme si celle-ci allait se raviser et lui cracher quelques billets bienvenus ainsi que le précieux bout de plastique, mais le coup de coude impérieux d'une femme derrière elle lui rappela, à l'espagnole, qu'elle devait céder la place. Inquiète, hésitante, Luce franchit la porte de l'agence. Après une attente interminable, une guichetière se leva pour déverrouiller le distributeur. Elle examina la carte et secoua la tête :

– *No vale*....

Dans un français tout à fait correct, l'employée lui expliqua :

– Ta carte ne marchera pas en Espagne. Ce n'est pas une carte internationale.

Luce ne pouvait obtenir d'espèces d'aucune banque espagnole. Et la vérité lui sauta à la figure. Il lui restait un peu moins de 20 euros, pas de billet de retour et aucun moyen de retirer de l'argent. Elle était coincée à Grenade.

17

Une foule très dense avait envahi le paseo de Los Tristes. Pour rentrer à la Casa Lola, Luce dut remonter à contre-courant le flot des promeneurs du soir. Les terrasses s'étaient peuplées de familles qui dégustaient des glaces, des jus de fruits, de la sangria. L'adolescente, en nage, leur jeta un regard de convoitise. Elle aurait donné son dernier piercing pour un Coca glacé. Mais il n'était plus question de dépenser le moindre centime. Les exclamations andalouses, le choc des pièces sur les tables de fer, les claquements des talons, le chuintement des chaussures cirées sur la mosaïque du *paseo*, la musique entraînante crachée par les bistrots accompagnaient sa progression dans un univers étranger où elle n'avait pas sa place. Cela rendait son exil encore plus terrifiant. Lorsqu'elle s'engagea dans le silence d'une ruelle écartée, elle mesura à quel point elle était seule au monde.

Sur le sentier du Sacromonte, elle passa devant des femmes qui prenaient le frais devant leur porte en agitant mollement un éventail. Luce força l'allure, devinant qu'elles ne se privaient pas d'épiloguer sur ses vêtements, la raison de sa présence ici, et d'échanger toutes sortes de commentaires pas forcément flatteurs. C'est avec un sentiment de délivrance qu'elle se retrouva dans sa grotte.

Ni les derniers rayons du soleil dorant l'Alhambra ni la splendeur bleutée des montagnes lointaines aux cimes enneigées ne parvinrent à la toucher. Assise à sa table, la tête entre ses mains, la jeune Française regardait dans le vide. À qui Luce allait-elle demander de l'aide ? Moony ? Sans carte bancaire, la tante squatteuse ne pourrait pas obtenir d'argent. Léo, en ultime recours ? Non ! Plutôt crever que de devoir quelque chose à ce traître. Didier, l'ancien amoureux de sa mère ? Oui, mais de toute façon, cela prendrait des jours ! Or elle n'avait payé que deux nuits d'avance. Ensuite, elle serait à la rue.

Une vague de panique la suffoqua. Qu'allait-elle devenir ? Bien sûr, il était toujours possible de voyager sans billet, mais ne risquait-elle pas alors d'attirer l'attention sur elle et que l'on s'aperçoive qu'elle était livrée à elle-même ?

Non, d'abord passer un coup de fil à Moony.

Le téléphone sonna longtemps avant que la zonarde ne décroche, un peu essoufflée. La garce devait être encore au lit avec Léo… En reconnaissant la voix de sa nièce, Moony poussa une exclamation de soulagement. Mais elle eut juste le temps d'affirmer que non, il n'y avait aucune nouvelle d'Inès et la communication fut coupée. Le forfait de Luce était kaput. Merde.

La jeune fille fixait avec rancune son portable muet. Elle n'avait plus qu'à trouver un cybercafé pour écrire à tout hasard un mail à sa mère ou à Didier. Demain. Là, refaire tout le chemin à pied pour rejoindre le centre-ville était au-dessus de ses forces.

Le ciel vira au rose derrière l'Alhambra, puis il tourna au mauve, puis il se piqueta d'étoiles. Luce avait faim. L'idée de demander une nouvelle fois à la *señora* Lola la décourageait d'avance. Non, plutôt redescendre chez Titi. Peut-être vendait-il des sandwichs?

Le sentier obscur n'était pas engageant, un vrai coupe-gorge. Luce le dévala à toute vitesse et c'est avec soulagement qu'elle retrouva les lumières colorées du bistrot. La terrasse s'était remplie d'une foule bruyante que le cafetier servait avec flegme. Les haut-parleurs hurlaient du flamenco. Debout devant le comptoir de la salle, des hommes dégustaient des *tapas*[19] dans un vacarme indescriptible. Le sol était jonché de serviettes en papier et de sciure. Luce hésita puis elle se fraya un chemin vers le patron.

– *¿ Hay bocadillos, por favor*[20] *?*

– *No.*

– *¿ Qué es esto ?*

Luce désignait le plat que Titi s'apprêtait à servir à une table et qui dégageait une odeur appétissante.

– *Patatas a la pobre*, c'est 3 euros.

Luce fit oui de la tête. « À la pauvre », c'était exactement ce qu'il lui fallait! Le patron, sans lui demander

19. Portions d'olives, charcuteries, anchois marinés, etc. que les Espagnols dégustent à l'apéritif.

20. Vous avez des sandwichs, s'il vous plaît ? – Non. – C'est quoi, ça ? – Des pommes de terre « à la pauvre ».

son avis, posa une assiette bien remplie sur un guéridon dans un coin en retrait, coincé entre le comptoir et la porte des toilettes. Charmant.

La nourriture était bonne. Luce termina jusqu'à la dernière miette le plat de pommes de terre mélangées à des œufs.

Il y avait quelque chose de terriblement irréel à être ici dans ce bistrot andalou, au centre de cette musique tonitruante. La jeune fille se faisait toute petite sous les regards des hommes qui finissaient de se rajuster en sortant des WC et qui ostensiblement s'interrogeaient sur sa présence, à cette heure, toute seule, sans parents ni *novio*[21]. Bonne question. Sa vulnérabilité l'accablait. Loin de tous ses repères, elle prenait conscience qu'une mauvaise décision pouvait la précipiter vers d'autres dangers pires encore, où sa vie même pouvait basculer.

Jusqu'à présent, elle avait toujours été protégée par la vigilance de sa mère et une position sociale privilégiée. Inès n'avait pas eu cette chance. Pour elle, rien n'avait jamais été facile. Elle avait grandi sans soutien ni affection, elle n'avait pu s'appuyer que sur sa propre capacité de survie, et n'avait eu souvent comme ultime choix que la fuite, quand le quotidien devenait insupportable. Et chaque fois, elle y abandonnait ses cheveux en sacrifice. Dire que Luce l'avait accusée de conformisme ! Soudain une pensée fit relever la tête à l'adolescente. Si sa mère avait pu pousser dans un terreau aussi hostile, Luce

21. Fiancé.

n'allait pas se laisser abattre pour quelques mésaventures dont elle rirait bientôt.

Titi vint nettoyer sa table avec des gestes brusques. Le message ne méritait pas de traduction. Elle était priée de débarrasser le plancher. Quand elle se leva en posant les trois pièces de monnaie bien en évidence sur le guéridon, il ne lui accorda même pas un regard.

La chaleur avait cédé. Luce s'engagea sur le sentier éclairé par la lune. Les figuiers de Barbarie dressaient leurs raquettes hérissées sous le ciel indigo. Leurs ombres sinistres se découpaient sur le sol caillouteux. Trois jeunes discutaient accroupis sur les talons devant une maison. Ils se turent brusquement quand elle arriva à leur niveau. Ils la guettaient. L'un d'eux fit une plaisanterie douteuse alors qu'elle passait à côté d'eux, les yeux baissés, le pas vif. Les autres éclatèrent d'un rire agressif. Elle crut perdre pied lorsqu'ils lui emboîtèrent le pas en la harcelant de questions. Ils la cernaient. Elle accéléra l'allure. Ne pas courir. Les garçons ricanaient. Surtout ne pas courir. Ils ne riaient plus. À présent, ils étaient dangereux. La terreur inondait Luce d'une sueur glacée. Que faire ? Appeler au secours ? Qui viendrait défendre une étrangère ? Ils la serraient de près maintenant, lui barraient le passage. Leurs dents luisaient dans l'obscurité. Elle se dégagea quand l'un d'eux lui agrippa le bras. Ils la bousculèrent. Insultes, mots obscènes fusaient. Surtout ne pas répondre, de peur de déclencher la curée. Sa chambre n'était plus très loin. Luce plongea entre eux, se faufila et se mit à courir. Elle ne sut pas comment elle avait réussi à introduire la clé dans la serrure. À l'intérieur, elle se barricada, le cœur au bord des lèvres, l'oreille aux aguets. Appuyée contre la porte, elle essuya de la paume sa joue mouillée de larmes.

La jeune fille se roula en boule sur le lit, rabattit la couverture sur ses épaules, trop apeurée pour penser même à se déshabiller et se glisser entre les draps. Les yeux ouverts dans le noir, elle attendit que les battements de son cœur se calment, que ses dents arrêtent de s'entrechoquer. Ils ne l'avaient pas suivie, ici elle était en sécurité, la porte était solide, ses volets fermés, il n'y avait pas d'autre ouverture… Elle l'avait échappé belle.

Demain, je trouverai un coin plus sûr… Idiote ! Avec quel argent ?

Soudain, Luce fronça les sourcils. Elle se précipita sur son sac à main, le vida sur le lit. Son porte-monnaie avait disparu. Les quelques pièces qu'il lui restait pour manger s'étaient envolées. Luce considéra d'un autre œil les jeunes qui l'avaient suivie et bousculée avant de la laisser partir sans insister. Un rire nerveux la secoua. Ce n'était pas à sa vertu qu'ils en voulaient… Des pickpockets ! Merde.

La journée du lendemain allait être terrible. Que pouvait-elle faire à présent ? Vidée par la tension, la peur, le chagrin, elle était incapable de réfléchir. Elle se recroquevilla sous la couverture. Il fallait qu'elle dorme. Demain, elle trouverait une idée.

*

Du boulot. Voilà ce qu'elle devait chercher. Mais dans quoi ? Elle ne savait rien faire !

Au réveil, ça lui avait semblé être la solution. Dès 9 heures, après avoir choisi ses vêtements les plus sobres, et le ventre creux, elle s'était précipitée vers le centre-ville.

Très vite, elle déchanta. « Non, trop jeune, impossible, pas de travail. » Luce essuya une succession de refus plus ou moins motivés. Les magasins de fanfreluches andalouses n'avaient que faire d'une *Francesita* tombée du nid, les patrons des bistrots de la place lui répondaient d'un ton méprisant. Un vicieux lui suggéra même une façon bien spéciale de se faire de l'argent, là, tout de suite, dans son arrière-boutique. Chercher des gardes d'enfants ? C'étaient les vacances ! Il ne lui resterait plus, bientôt, qu'à faire la manche.

Alors, déprimée, elle remonta vers le chemin du Sacromonte. La faim et la chaleur lui enserraient le crâne d'un casque douloureux. Avec un peu de chance – et ce serait bien la première fois depuis son arrivée en Espagne qu'elle tournerait de son côté –, Inès aurait donné des nouvelles à Titi.

Quand il aperçut Luce, le cafetier fit mine de l'ignorer. De la petite demoiselle assurée qui était entrée la veille dans le bistrot en levant haut le nez pour réclamer sa mère, il ne restait plus grand-chose. Elle avait dû mal dormir, elle était blême dans ses vêtements noirs. Il ne faudrait guère de temps avant qu'elle ne se transforme en une de ces zonardes qui faisaient la manche sur le paseo de Los Tristes. Elle attendait, silencieuse, la réponse aux questions qu'elle n'osait plus poser. Quand l'espoir s'éteignit définitivement, les yeux de la gamine se remplirent de larmes. « Ne reste pas ici », grogna-t-il d'un ton bourru plus pour lui sauver la face devant ses clients que pour la chasser. Sans insister, elle tourna les talons, la tête basse. Il esquissa un geste pour lui proposer de quoi déjeuner, mais elle était déjà partie, alors il haussa les épaules et introduisit un nouveau CD dans son appareil.

Tout l'après-midi, Luce resta enfermée dans sa chambre. La faim lui mordait le ventre. Elle n'avait jamais éprouvé une telle sensation à la fois angoissante et douloureuse. Son cerveau était incapable de réfléchir, focalisé sur une seule obsession : manger. Elle fouilla dans son sac, et récupéra en tout et pour tout 50 centimes en petite monnaie, même pas de quoi se payer un café. Elle repéra soudain dans la poubelle le reste du sandwich qu'elle avait dédaigné la veille. Aujourd'hui, elle ne le trouvait plus trop épicé. La bouche en feu, elle en savourait chaque bouchée. Mais ce tout petit en-cas ne fit qu'accroître sa faim. Elle allait devoir mendier... Tout la ramenait au café Titi. Le gitan mélomane connaissait sa mère, il représentait un point d'ancrage, malgré son air bougon et son indifférence appuyée... Elle devait se confier à lui. Après tout, il n'était pas au courant de sa situation. Elle lui demanderait un peu d'argent, ou tout au moins un bout de pain, tant pis pour son amour-propre. Un type qui aimait Mozart ne pouvait pas être totalement insensible.

Quand elle arriva au café, un accès de timidité coupa son élan. La terrasse était bondée. Toute une population bruyante grignotait quelques olives, des tranches fines de jambon cru, de petites portions de nourriture en buvant du vin dans un mélange incroyable de rires, de conversations sonores et de flamenco. Luce s'approcha tout de même de l'entrée du bar. Comme la veille, la grotte était envahie par une assemblée exclusivement masculine. Le bruit était infernal, ce n'était guère le moment d'aborder le patron, il ne savait plus où donner de la tête.

Alors qu'il servait une tournée, le gitan vit ressortir la jeunette tout en noir, comme en deuil de ses illusions. Mais… elle n'allait tout de même pas rester là, debout sur la terrasse, tel un chien qui attend sa pitance ?

Un client éméché s'approcha de Luce. L'œil allumé, sous les commentaires égrillards de ses compagnons de beuverie, il la prit par la taille. Elle s'écarta, mais l'homme se collait à elle, encouragé par les rires de sa tablée. Il lui soufflait dans le cou son haleine chargée de mauvais whisky, lui susurrait des mots crus à l'oreille, tandis que ses mains prenaient déjà un acompte, tâtaient ses hanches, s'attardaient sur ses fesses. Maladroitement, il essaya de l'embrasser. La fille se débattit, le repoussa avec affolement. Il revint à la charge.

– *¡Sueltala! ¡Hijo de p…* [22] *!*

Titi, le torchon sur l'épaule, dominait l'ivrogne de toute sa taille. Ils se mesurèrent du regard. Luce en profita pour se dégager et reculer d'un pas, haletante, incapable de prendre la fuite, de se retrouver dans le noir de la nuit avec sa faim. Calmement, le cafetier décrivait en quelques mots bien pesés ce qui arriverait à ce qui lui tenait lieu de cerveau si le sale type s'avisait de toucher un seul cheveu de la *señorita* ici présente. Devant les

22. Lâche-la ! Fils de p…

arguments sans détour du patron, l'agresseur ouvrit les mains en signe de reddition.

– *Tranquilo, hombre, tranquilo, me voy*[23].

Puis Titi se tourna vers la fille apeurée. Il secoua la tête, soupira: «C'est rien, *hijita*[24].» Ces maigres mots d'apaisement eurent un effet désastreux. Loin de la réconforter, ils semblèrent ouvrir les vannes d'un chagrin inconsolable. Les lèvres de la *muchacha* se mirent à trembler, elle hoqueta. Et voilà. Elle pleurait, à gros bouillons, la bouche ouverte. Comme une gamine, elle essuyait sa morve avec le plat de la main. Et elle faisait du bruit, un bruit déchirant de gros malheur. Le silence se propagea sur la terrasse, des grognements réprobateurs commentaient à mi-voix: *Pobrecita, tan joven*... Une femme lui passa une serviette en papier pour qu'elle se mouche. Alors qu'elle tournait le dos, secouée de sanglots ravageurs, le cafetier la héla:

– *¡Niña, ven aquí*[25]*!*

Elle revint sur ses pas en hésitant, leva sur lui ses yeux gonflés de larmes.

Il lui tendit son torchon et lui désigna d'un coup de menton l'évier rempli de vaisselle sale derrière le comptoir. Luce s'essuya les yeux, hoqueta une dernière fois, tenta de lire une confirmation dans le regard du gitan. Il hocha la tête. Elle en fit de même. Le pacte était passé.

Luce venait de trouver du boulot.

---

23. Cool, mec, cool, je m'en vais...
24. Ma petite fille.
25. Petite, viens ici !

Dans les heures qui suivirent, elle lava et sécha des verres, tant et tant qu'elle avait l'impression que la soirée ne se terminerait jamais. Ça tombait bien, elle ne voulait pas que ça finisse. Quand les verres étaient propres, arrivait une cargaison de soucoupes graisseuses. Et quand les soucoupes étaient nettoyées, les verres revenaient... Elle ne ressentait plus la faim, les larmes l'avaient rassasiée et puis elle avait grappillé quelques olives qui restaient dans un bol. Elle s'était débarrassée de ses bagues qui glissaient dans l'eau savonneuse, avait attaché ses cheveux sur la nuque en un petit chignon serré. Un torchon noué autour de sa taille en guise de tablier, les reins rendus douloureux par la station debout, elle trimait sans se poser de questions, soulagée d'avoir été adoptée, craignant plus que tout d'être renvoyée à sa solitude.

Vers 22 heures, Titi lui tendit une assiette remplie à ras bord de fèves au jambon cru, qu'elle dévora debout dans l'arrière-cuisine. Avait-elle déjà mangé quelque chose d'aussi savoureux ?

Plus tard, beaucoup plus tard, l'affluence se tarit. Un silence relatif s'installa même sur la terrasse, coupé de quelques exclamations, de conversations calmes de fin de soirée. Des accords de guitare attirèrent Luce dehors. Titi, d'un mouvement de tête, l'invita à s'approcher. Ils étaient cinq, trois guitaristes et deux chanteurs. Claquements de mains sonores, crépitement des talons, arpèges pressés qui montaient en tension sous les doigts virtuoses, *¡ anda !*, *¡ ole !*, *¡ vale !* approbateurs... Leur chant, comme une plainte, s'élevait dans la nuit grenadine.

Fascinée, le torchon à la main, Luce s'assit timidement sur la margelle de la terrasse. Plus tôt, ces gitans n'étaient que des buveurs rigolards qui s'interpellaient de leurs voix enrouées. Maintenant, ils puisaient au profond de leur âme un cri plus âpre que cette terre calcinée. Derrière eux, sur champ de lapis-lazuli, la lune en croissant montait au-dessus de l'Alhambra illuminée.

Ay cómo se quejaba quejaba
Ay cómo se quejaba quejaba
Ay marchita de amores
Con el viento y el agua[26].

Les hommes reprirent le refrain à pleine voix. C'était un grondement sauvage, lancinant, qui donnait envie de courir droit vers les sommets enneigés de la Sierra Nevada, de relever la tête, de se dresser tout debout contre la médiocrité, la bassesse, les petites inquiétudes minables. Libre enfin !

Un souffle de jasmin caressa Luce. Elle ferma les yeux, enivrée d'une émotion qu'elle n'avait jamais connue. Une exultation douloureuse, la vie qui pulse dans les veines, l'instant qu'il faut retenir. Pour la première fois depuis des mois, pour la première fois de son existence peut-être, épuisée, le dos cassé, les mains flétries d'avoir trop trempé dans l'eau, elle sentit son âme s'alléger. La révélation lui fit redresser les épaules. Sa place était ici maintenant.

Et c'était un cadeau absolu.

Titi s'assit à côté d'elle. Il écoutait le flamenco avec une austère concentration, la même qu'il portait à la musique

---

26. Ah, comme elle se plaignait, se plaignait (bis)
Ah, quel saccage d'amours par le vent, et l'eau. (Federico García Lorca)

classique. Ensemble, ils partagèrent ce moment. Quand la dernière note s'éteignit, l'homme fouilla dans la pochette suspendue à sa taille et compta quelques billets.

– Demain, viens à 18 heures.

18

Cela faisait presque deux semaines que Luce était à Grenade. Elle s'y sentait bien. Elle se levait tard, vers 11 heures, puis elle se rendait au restaurant *Juanillo*, voisin de celui de Titi, pour demander si l'on avait besoin d'elle. Si c'était le cas, elle donnait un coup de main pour l'épluchage des légumes et la plonge. Ce qui la menait à 15 heures. En retour, on lui glissait quelques billets, et Juanillo lui offrait le repas. Ensuite, elle regagnait sa chambre chez Lola pour y faire la sieste. À 18 heures, elle se rendait chez Titi pour son service du soir. Elle y travaillait jusqu'à 2 heures du matin, heure à laquelle, exténuée, elle retrouvait son lit.

Luce avait fait de gigantesques progrès en espagnol. Si bien que Titi lui demandait de plus en plus souvent de le remplacer en terrasse. En réalité, ne dépensant presque rien pour sa nourriture, elle avait gagné ainsi largement de quoi prendre un billet de retour, mais elle n'y songeait pas.

Sortie du chaos de son arrivée, Luce s'était adaptée à sa nouvelle vie. Grâce à son travail, elle pouvait manger, dormir et s'habiller. C'était dur de ne pouvoir compter sur personne, cela demandait de la vigilance et de la concentration, mais avec un peu de courage, on y arrivait. Inès serait étonnée. Si elle avait voulu montrer que sa fille était incapable de survivre sans son soutien, elle s'était lourdement trompée. Luce se débrouillait bien, et, à la réflexion, il en avait été ainsi depuis le début.

Le problème, le vrai, c'est qu'Inès n'avait pas réapparu. Quand Luce sondait son patron, il se bornait à secouer la tête négativement, et toutes les questions que la jeune fille tentait de lui poser se heurtaient à un mur placide, mais inébranlable. En général, Titi la faisait taire par une corvée. «*Niña*, va récurer le coin des poubelles. *Niña*, va passer la serpillière dans les chiottes, ça pue.» À ce régime, la Française avait vite appris à ravaler ses interrogations.

Mettant en veille son idéal gothique, elle avait ôté ses derniers piercings. À Grenade, elle ressentait l'envie de «se simplifier». Ces signes d'appartenance dont elle croyait ne pouvoir se passer perdaient de leur importance face à la beauté sans mollesse de la ville, et à l'emploi du temps rigoureux qu'elle suivait pour assurer sa survie quotidienne.

De même, Luce se dépouillait sans regret de choses sans lesquelles elle n'aurait pu vivre il y a peu. Le téléphone par exemple. Déjà dix jours sans portable! C'était d'ailleurs une véritable libération de ne plus avoir à vérifier jour après jour sa popularité au nombre de SMS qu'elle recevait. Chez Titi, dans la mesure où elle faisait son travail, personne ne la regardait ni ne la jugeait. Les hommes lui lançaient quelques compliments polis et sans conséquence, les femmes montraient envers elle une attitude protectrice mâtinée d'indifférence.

Elle n'était jamais tant heureuse que les soirs où les gitans prenaient leurs guitares et improvisaient une *zambra*[27] passionnée au clair de lune. Alors, il arrivait que Lola la Saetera s'avance au milieu du cercle des spectateurs, la tête penchée sur le côté, claquant des mains et des pieds avant de se retourner brusquement, bras dressés, dans un tourbillon de jupons neigeux. Tout le monde criait : « *¡ Ole !* » Soudain, transfigurée par la danse et les cris d'encouragement des participants, la petite logeuse replète ranimait, par la magie du *duende*[28], la gitane voluptueuse de ses 20 ans. Lola avait été et demeurait l'une des meilleures danseuses flamencas de Grenade, respectée unanimement pour son art. Aux dires de Titi, l'on n'était pas près de la détrôner. Des filles campaient jour et nuit devant sa porte pour être acceptées dans son école de flamenco.

Une gaffe de la bavarde logeuse avait révélé à la petite Française que Titi lui avait demandé de lui louer une chambre. Sinon, jamais elle n'aurait hébergé une mineure ! Depuis, le patron de Luce devait avoir négocié avec Lola, car le loyer avait diminué de trois quarts, et la dame lui fournissait pour ce prix un petit déjeuner conséquent et des attentions de mère poule.

Comprendre quel jeu jouait l'énigmatique Titi était une autre affaire. Rugueux, à peine aimable, il ne faisait

27. Concert, fête andalouse.
28. Notion difficile à traduire : entre la magie et le génie.

pas de cadeaux à sa jeune serveuse, mais elle était sûre qu'il ne la laisserait pas tomber. Pourquoi ? Chez lui, les clients ne payaient pas tous le même prix. Les désargentés trouvaient toujours un plat de *migas*[29] contre les quelques euros qui leur permettaient de sauver la face. Ça, tout le monde le savait sur le Sacromonte où le cafetier jouissait d'une véritable vénération.

L'information avait circulé : reconnue à la fois comme la protégée de la Lola et l'employée de Titi, Luce n'avait plus jamais été importunée dans ses trajets sur la montagne des gitans. Elle avait même récupéré son porte-monnaie, vide tout de même, posé en évidence sur la table de sa terrasse. Le geste se voulait clair. Elle était adoptée.

Parfois, après la sieste, Luce se dirigeait nonchalamment vers l'Albaícin, le vieux quartier maure aux maisons immaculées. Elle s'était adaptée avec délice au rythme décalé des Espagnols, déjeuner à 14 heures et soirées qui s'éternisent joyeusement après la balade rituelle – le *paseo* – sur les vastes avenues bruyantes bordées de cafés.

La ville lui plaisait. Titi lui avait raconté qu'au Moyen Âge, trois communautés – les Juifs, les Maures et les chrétiens – cohabitaient ici en harmonie. Les quartiers anciens s'en souvenaient. Savants et philosophes de toutes croyances y avaient échangé leurs travaux. L'Andalousie avait été irriguée de cette *convi-*

29. Plat typique andalou à base de mies de pain frites.

viencia[30], balayée plus tard par la reconquête opérée par les Rois catholiques, mais Grenade la moderne en gardait la nostalgie ineffable.

À la fin de son service, vers 2 heures du matin, Titi avait pris l'habitude de s'asseoir sur la terrasse à côté de Luce, et tous deux contemplaient la forteresse, hérissée des lances sombres des cyprès. C'est le quatrième soir qu'il avait rompu le silence amical d'une manière imprévue :

– Sais-tu, *hijita*, pourquoi on appelle « isabelle » la robe jaune de certains chevaux ?

Devant le signe négatif de Luce, il avait répondu :

– Isabel, reine de Castille, avait fait le vœu de ne plus se laver tant que Grenade ne reviendrait pas sous la domination des Rois catholiques. Imagine la couleur de sa chemise, raide d'une crasse de neuf mois, quand elle est entrée dans la ville !

Luce avait ri. Elle devinait que son patron n'était pas un simple cafetier. Gitan et érudit, laconique la plupart du temps, andalou par-dessus tout, il devenait bavard quand il s'agissait du passé de sa ville vénérée.

Un soir, Titi lui conta la fuite de Boabdil, chassé par les mêmes Rois catholiques. Le Maure avait pleuré en contemplant une dernière fois, des flancs de la sierra, son palais bien-aimé reposant dans la lumière dorée de la fin de journée. « *Llora, llora como mujer lo que no supiste defender como hombre*[31] », avait craché sa mère, la belliqueuse

30. « Vivre avec », cohabitation.

31. *Pleure, pleure comme une femme, ce que tu n'as pas su défendre comme un homme.*

Aicha. À l'évocation de cet instant où le prince arabe s'était retourné pour dire adieu à sa ville, à l'Alhambra, rêve de pierres et de fontaines, Luce, la gorge serrée, eut l'impression que Titi était la réincarnation du souverain exilé. Les Maures en fuite avaient pris la mer, certains toutefois s'étaient réfugiés sur les hauteurs de la Alpujarra. La belle Morayma, la tendre épouse de Boabdil, y était morte de chagrin. Titi avait désigné les montagnes enneigées invisibles la nuit, mais dont on percevait la présence têtue. « Tu vois, c'est là-bas que se retrouvent ceux qui sont exilés d'eux-mêmes. » Il avait soupiré et s'était levé, manifestement troublé. « À demain, *guapa.* »

Peu à peu, grâce aux histoires de Titi, la cruelle douceur de Grenade se plantait dans le cœur de Lucie. La chaleur ne l'affectait plus. Elle prenait plaisir à longer les ruelles d'un blanc lumineux, les pavés ruisselant sous les arrosages fréquents des pots de fleurs accrochés aux murs, les guirlandes de plantes vertes s'échappant en folie des fenêtres aux barreaux de fer forgé. Parfois, au fond de sombres vestibules carrelés d'*azulejos*[32], éclatait l'exubérance d'un patio luxuriant où susurrait une fontaine. Luce aimait la lumière brutale qui tranchait des ombres violettes à l'angle des maisons, et ce soleil qui faisait du moindre trajet une expédition.

Ce jour-là, ses pas insouciants la conduisirent à travers un lacis de ruelles abruptes vers le mirador de San Nicolas. C'était une vaste esplanade plantée de

32. Carreaux de faïence peints, très souvent de couleur bleue (*azul*) qui ornent les maisons espagnoles.

grands arbres, située en face de l'Alhambra, et le lieu de rendez-vous des musiciens qui s'installaient tout le long du parapet de la place. On y voyait des joueurs de kena péruviens, des saxophonistes de jazz, et bien sûr, beaucoup de guitaristes. Parfois un attroupement se formait, les guitares accéléraient la cadence, les jeunes commençaient à taper dans leurs mains, une fille lançait un couplet d'une voix de tête, et tout le monde reprenait en chœur. Les soirées chez Titi avaient appris à Luce qu'à Grenade, chacun pouvait lever le menton d'un air belliqueux, saisir entre deux doigts l'ourlet de son tee-shirt et entamer à petits pas martelés un flamenco sauvage si ce n'est convaincant.

Loin de ces excès, un peu à l'écart de cette agitation, un jeune clarinettiste regardait fixement sa partition. Le visage concentré, le teint doré, le nez patricien, les cheveux bouclés et sombres domestiqués par un bandeau qui dégageait un front intelligent, il jouait du Brahms. Luce s'approcha. Curieuse du travail de l'artiste, elle resta à quelques pas pendant un moment, puis elle s'assit en face de lui, en tailleur, la main sous le menton, pour mieux l'écouter. Il jouait bien. Elle adorait la façon qu'il avait de s'humidifier la lèvre et la précision des longs doigts légèrement recourbés vers l'extérieur, posés sur les clés. Le garçon enchaîna avec le concerto de Mozart qu'elle avait entendu chez Titi, concerto que dans une vie antérieure elle avait tant aimé. Le chant velouté de la clarinette s'élevait au-dessus de la place puis s'envolait, rêveur, vers le palais de l'Alhambra. Elle sentait dans ses propres doigts pousser les notes de la partition. De temps en temps, sans vraiment la voir, les yeux pensifs du jeune homme se posaient sur elle, et Luce en était étrangement émue.

Le morceau s'arrêta. Un éclair de moquerie chassa les brumes méditatives du regard frangé de cils noirs. D'un ton blagueur, le musicien s'exclama en espagnol :

– *¡Mira, que brujo soy*[33]*!* Un petit air de clarinette et, comme par magie, voilà qu'une jeune fille se jette à mes pieds !

– C'est Mozart le magicien ! Mais bravo, c'était superbe ! Je le connaissais bien, ce morceau...

– Tu joues ?

– Plus maintenant... Moi aussi, je faisais de la clarinette... avoua Luce avec réticence.

– Quel dommage ! Il y a longtemps que tu as arrêté ?

Luce balbutia les mauvaises bonnes raisons qui lui avaient fait abandonner la musique à son entrée en quatrième. Le jeune homme l'observait en secouant la tête avec un petit air de commisération. Soudain, il prit une inspiration :

– Allez, joue !

Luce protesta :

– Non, non, c'est impossible, ça va être une catastrophe !

Mais, sans plus l'écouter, le garçon nettoya soigneusement sa clarinette, changea l'anche et, avec un sourire à damner, il lui tendit l'instrument.

– On ne comprend bien Grenade qu'en faisant de la musique !

33. Regardez, quel sorcier je suis !

Elle reconnut le poids familier, la douceur tiédie de l'ébène. Luce porta le bec à sa bouche, un peu troublée tout de même de poser ses lèvres à l'endroit où, quelques secondes auparavant, le garçon appuyait les siennes. Le jeune homme lui fit une mimique d'encouragement.

– N'aie pas peur, vas-y !

Luce se lança. Les premières notes sortirent, rondes mais hésitantes. C'était curieux, comme si l'instrument avait été plus petit, le son à la fois plus facile à produire, mais bien moins beau que dans son souvenir… Elle tenta une gamme qui se termina par un crissement désagréable et qui lui fit grimacer une excuse.

– *No te preocupes*[34].

Le garçon lui faisait signe de poursuivre. Alors, elle entama un passage assez simple qu'elle avait su par cœur autrefois. Au bout de trois phrases musicales, elle était essoufflée. Un couac mit fin à sa tentative. Déçue, les yeux baissés sur sa déconvenue, elle rendit l'instrument au jeune Espagnol.

Il la regardait en souriant.

– *Muy, muy bien*[35]. C'est normal, les fausses notes, tout le monde en fait. Et puis tes mains ont sans doute grandi depuis trois ans… Tes repères ont changé ! Mais tu as un joli son, bien souple…

Le musicien comprit qu'il ne fallait pas insister. Le visage tourné vers l'Alhambra comme si la vieille citadelle maure pouvait lui apporter son soutien, la fille semblait

34. T'en fais pas !
35. Très, très bien.

terriblement vexée. Alors, pour la distraire, tout en démontant son instrument, il émit quelques banalités sur la beauté de la vue. Son espagnol était élégant, tranquille, et chaque syllabe résonnait comme une note de musique. Il s'appelait Esteban, était étudiant en musicologie. Il venait d'avoir 19 ans. Il s'installait ici tous les jours pour bosser ses exercices ; c'était plus sympa que dans sa petite chambre de l'Albaícin !

Sans trop comprendre pourquoi, peut-être parce que, finalement, elle n'avait presque pas parlé depuis dix jours à quelqu'un de son âge, Luce trouva plaisir à bavarder avec lui. Elle mentit un peu, il lui était impossible de raconter la quête improbable de sa mère à un inconnu. Alors elle s'inventa un séjour linguistique en Espagne qu'elle finançait en travaillant le soir dans un café. D'ailleurs, tiens, il se faisait tard ! La jeune fille conclut :

– Il faut que je retourne au boulot, Titi ne va pas être content.

– Je le connais un peu, son bistrot est génial. Et lui, c'est vraiment un type formidable !

– Formidable, mais il faut quand même que j'y aille, soupira Luce en se relevant en toute hâte. Merci, c'était sympa ce petit moment ! cria-t-elle en s'éloignant.

– Eh ! À demain ! Je te ferai travailler, tu verras, ça devrait revenir vite !

19

Inès ne donnait toujours pas signe de vie. Chaque matin, avant d'aller prendre son service au restaurant de Juanillo, Luce s'arrêtait chez Titi. Le patron au comptoir la fixait sans sourire. Seule une lueur amicale dans son regard mi-clos laissait deviner que son opinion sur Luce avait changé. Avec lenteur, il secouait la tête négativement et elle comprenait qu'il n'y avait rien de nouveau.

Luce se métamorphosait. Le soleil de l'Espagne avait doré son teint pâle et fait épanouir la mine éclatante de ses 16 ans. Craignant qu'elle fasse fuir ses superstitieux clients, Titi lui avait demandé de retirer sa bague « 666 » et le pentagramme d'argent qu'elle portait en pendentif. Ici, pas question d'exhiber des boucles d'oreilles ornées de crucifix inversés. La piété des gitans était trop stricte pour tolérer le détournement de ce symbole religieux. Et puis, le noir tenait chaud… Avec son salaire rudement gagné, elle avait craqué pour quelques petits débardeurs colorés qui mettaient en valeur ses épaules menues et un jupon coquelicot.

La Lola s'était mise en tête de lui apprendre des rudiments de flamenco, rythmes, positions de bras, mouvements des doigts. Ce n'était pas négociable.

– Une belle fille comme toi doit savoir danser, *corazón*[36], sinon comment vas-tu trouver un *novio*? lui avait-elle assené d'un ton définitif.

Alors, avec énergie, Luce martelait le carrelage sonore de la gitane. La France lui semblait très loin, et la souffrance infligée par Léo n'était plus qu'un pincement d'humiliation et d'amertume qu'elle écrasait sous son talon rageur.

Aux dernières infos, les deux traîtres continuaient à filer le parfait amour, au grand dam de Camille. Grand mal leur fasse. Luce leur en voulait. À lui, surtout. Le recul aidant, elle mesurait les dégâts que leurs rapports avaient occasionnés aussi bien dans son corps que dans son cœur. Le vague dégoût, l'appréhension à l'idée d'une autre relation, la crainte de ne plus pouvoir aimer.

Bien qu'il lui en coûtât, elle téléphonait régulièrement chez elle pour vérifier si sa mère n'avait pas donné de nouvelles. C'est à cette occasion, deux jours après sa rencontre avec Esteban, qu'elle demanda à Moony de lui envoyer sa clarinette chez Lola la Saetera.

Quand Luce ouvrit l'étui, une semaine plus tard, une brassée de souvenirs l'assaillit. « Luce, tu as répété ton morceau ? » « Luce, tu n'as pas assez travaillé ! » « Luce, essuie bien ton instrument avant de le ranger », « Luce,

36. Mon cœur.

comment fais-tu pour casser une anche à chaque fois que tu prends ta clarinette ? » Elle en avait bavé. Mais lui revenaient aussi le sentiment d'ivresse, le plaisir de jouer avec d'autres, cette complicité sans complaisance des musiciens. Pourquoi avait-elle arrêté, en fait ?

– Saleté de clacla, va ! jura-t-elle en emboîtant les tubes d'ébène.

Depuis leur première rencontre, Esteban lui donnait des cours. En attendant que la clarinette arrive de France, il en avait emprunté une d'occasion au magasin de musique où il travaillait quelques heures pour payer ses études. Après les premiers canards humiliants du début, Luce avait retrouvé l'art de conduire son souffle. Sur les clés argentées, ses doigts évoluaient avec l'aisance des automatismes revenus. Depuis, les deux jeunes déchiffraient ensemble une partition d'Haendel qui recélait quelques pièges délicieux.

Quand la musique déroulait son ruban sensuel, leurs regards se cherchaient andante, se croisaient allegro, s'unissaient fortissimo, leurs souffles s'accordaient, et le garçon brodait autour du thème de Luce de petites variations malicieuses qui la laissaient ravie. Le morceau terminé, ils baissaient les yeux, essoufflés et heureux comme s'ils avaient fait l'amour, alors que jamais, jamais, ils ne s'étaient touché même la main. Confus, ils se parlaient peu, juste pour glisser quelques indications techniques ou des remarques sur l'interprétation puis ils se quittaient, la tête pleine d'harmonie, détendus, allègres, jusqu'au lendemain. Le rendez-vous n'avait plus à être dit.

Au mirador de San Nicolas, un soir, les passants se rapprochèrent pour les écouter. Le timbre rond et suave des clarinettes les avait irrésistiblement attirés hors du trajet quotidien. Le duo adolescent, si beau, si juvénile, ressuscitait le souvenir de lentes promenades enlacées, de douces confidences chuchotées au creux de vastes lits. Le morceau s'acheva. Les deux musiciens restèrent les yeux dans les yeux, suspendus dans le silence de l'après dernière note. Les spectateurs applaudirent, puis ils se dispersèrent non sans avoir jeté quelques pièces dans l'écrin ouvert de Luce. Stupéfaits, les deux jeunes éclatèrent de rire. Bon Dieu, ça faisait combien de temps que la jeune fille n'avait pas été aussi bien ? Devant le petit tas d'euros recueillis, Esteban calcula :

– On a de quoi se payer deux gigantesques glaces sur le paseo de Los Tristes…

L'emploi du temps sans fantaisie de Luce commençait à lui peser, une petite sortie serait la bienvenue. C'était bien la première fois que le jeune homme songeait à prolonger l'heure de cours quotidienne.

C'était ainsi. S'il appréciait de faire de la musique avec Luce, Esteban, une fois l'instrument démonté, ne semblait pas la considérer comme une fille. Luce n'en souffrait pas, sa rupture avec Léo l'avait laissée meurtrie et sans désir. Mais tout de même. La gentillesse protectrice du bel Andalou devenait vexante à la longue. Le garçon était agréable à regarder, plaisant à fréquenter, et sa délicatesse émouvait Luce. Elle ne devait pas être la seule à le trouver attirant, à noter le nombre de beautés langoureuses qui traversaient la place en balançant leurs hanches pour venir lui faire la bise. Des rendez-vous étaient pris à demi-mot, et lorsque le beau musicien s'éclipsait, la dernière note expirée, Luce le soupçonnait de répondre aux voluptueux appels d'une de ces bombes andalouses. Luce ne se faisait aucune illusion. Ses chances de rivaliser avec ces Carmencitas tapageuses, féminines jusqu'à la pointe cruelle de leurs escarpins de cuir rouge, pesaient aussi peu que la lingerie fine qui servait d'écrin à leurs vertigineux décolletés. De toute façon, ça n'avait pas d'importance. Elle n'en avait aucune envie. D'ailleurs, elle partageait avec lui ce que les autres filles ne connaîtraient jamais. La musique. Et ça lui suffisait.

D'un pas rapide, en silence, ils descendirent chez un glacier réputé de l'avenue principale. Assis face à face, les deux jeunes se souriaient avec embarras. Ils étaient peu habitués à dialoguer autrement que par clarinettes interposées. Esteban se rabattit sur son sujet favori, la musique. Tout l'intéressait, depuis le flamenco *puro*, jusqu'au métal le plus lourd. Il avait pour projet de monter un groupe flamenco jazz. *Il va me proposer d'en faire partie*, espéra Luce, en se concentrant sur le fond de sa coupe de glace.

Des jeunes s'arrêtèrent à leur table, ils saluèrent Esteban bruyamment, en la dévisageant sans se gêner. Elle était facilement repérable comme Française, ils croyaient qu'elle ne comprenait pas leur phrasé d'Andalous. Pas de chance, la fréquentation du café Titi l'avait aguerrie à décoder les prononciations les plus pâteuses. Les types plaisantaient sur la nouvelle conquête du musicien : « *¿Muy joven, no*[37]*?* » Elle croisa le regard d'Esteban. Il lui adressa une grimace rassurante avant de les interrompre en riant : « Luce parle mieux le castillan que toi, *hombre* ! » Il prononçait *Luz*, comme la lumière en espagnol. Vraiment, elle adorait le z chuinté par ses lèvres de musicien.

Une fois que ses amis s'éloignèrent, le jeune homme reprit la conversation là où elle en était restée. Son problème ? Gloria hésitait à rejoindre le groupe. Cette violoncelliste merveilleuse, à la beauté pulvérisante – ce qui ne gâtait rien –, était si occupée que… Les yeux sombres d'Esteban brillaient. Sa bouche large et sensible s'étirait en un sourire rêveur. Luce pinça les lèvres. Évidemment, il pouvait exister des filles qui, non contentes d'être belles, se révélaient – en plus – excellentes musiciennes.

Les mains de l'Espagnol jouaient sur la table avec le verre, avec la cuillère, avec le petit parasol décoratif en papier. Des ongles carrés, coupés ras, de longs doigts fins et musclés, légèrement en spatule. Un bracelet de pierres de Mauritanie encerclait son bras gauche d'un lien de cuir. *Qui le lui a offert ?* Le garçon s'interrompit.

– Je t'ennuie avec mes histoires, Luz ?

Prise en flagrant délit de distraction, la jeune fille rosit. Elle désigna l'Alhambra qui les dominait de sa masse orgueilleuse de l'autre côté de la rivière.

– Il faudrait que j'y aille un jour…

Esteban ouvrit des yeux ronds.

---

37. Très jeune, non ?

– *¿ Cómo ?* Tu es à Grenade depuis presque un mois et tu ne connais pas l'Alhambra ? C'est impossible !

Le garçon réfléchit :

– Demain soir, justement, le Concerto d'Aranjuez se joue dans les jardins à 18 heures dans le cadre des Sérénades du crépuscule. Tu veux venir avec moi ? Je te présenterai Gloria.

Le sourire de Luce se figea.

– Elle ne va peut-être pas apprécier que tu invites une autre fille ?

Le garçon éclata de rire :

– Ça m'étonnerait, elle sera dans l'orchestre…

– Mais je travaille chez Titi à cette heure-là !

– Titi comprendra si tu lui dis que c'est pour visiter l'Alhambra et pour écouter de la musique. Un natif de Grenade ne peut résister à cet argument. Alors, c'est d'accord ?

Les yeux du jeune homme étincelaient. Il posa sa main sur celle de Luce pour mieux la convaincre. Ses doigts nerveux pressèrent les siens. Elle balbutia :

– Je vais essayer. Je n'ai pas eu un seul jour de libre depuis trois semaines !

– *¡ Magnífico !* Bon, eh bien à demain, je m'occupe des billets.

En partant, le garçon lui planta une bise au coin des lèvres et, un peu secouée, Luce reprit le chemin du Sacromonte.

Sans prendre la peine de déposer sa clarinette dans sa chambre comme elle en avait l'habitude, Luce déboula dans le café de Titi. Impassible, le gitan écoutait, bien sûr, la radio classique espagnole. Le regard mi-clos, il hocha la tête. Bien, bien. Luce en conclut qu'il serait disposé à lui accorder sa soirée. Elle se dirigeait vers la cuisine quand la voix de Titi l'arrêta en plein vol :

– Tu fais de la musique ?

– Oui.

– Très bien.

Elle tournait le dos quand il lâcha :

– *Tu mamá*. Elle a appelé.

Luce, les yeux brillants, se précipita vers le comptoir.

– Alors ? Elle est où ? Quand est-ce que je la vois ? Elle va bien ? Pourquoi elle ne me donne pas de nouvelles ? Elle sait que je suis ici ?

Le cafetier écarta les mains, paumes en avant, pour arrêter le flot des questions.

– *Hola guapa, despacito. Tranquilo*[38]. Oui, ta mère est au courant. Elle dit qu'elle a besoin d'un peu de temps, elle sait que tu es bien ici. En sécurité. Elle reviendra comme prévu, à la fin du mois d'août.

– Et… C'est tout ?

La voix de Luce devint rauque. Tendue par l'amertume, elle reprit :

– Je dois lui parler. Elle a un numéro de téléphone ? Son portable ne répond jamais ! Pourquoi elle ne veut pas me voir ?

Exaspérée par le silence de Titi, ruminant son désarroi, proche des larmes, Luce se réfugia sur la terrasse déserte.

Cette saleté de monument était toujours là, arrogant et paresseux sur sa colline. Lui faudrait-il attendre que

38. Hola, ma belle, tout doux, tranquille !

l'Alhambra s'effrite, avant que Titi ne se décide à lui dire où était sa mère ?

Elle perçut la présence embarrassée du cafetier dans son dos. Il lui posa la main sur l'épaule.

– *No llores, hijita*[39].

Ils restèrent tous les deux, debout. Ils contemplaient, le cœur lourd, la forteresse cuivrée dans son enchâssement luxuriant. Leurs regards se perdaient, au-delà, vers les montagnes aux sommets enneigés.

– Je dois t'avouer quelque chose au sujet de ta maman. Mais pas maintenant. Les clients arrivent. Après. On fermera tôt.

*

La soirée s'éternisait. *Ces Espagnols ne se couchent donc jamais*, pestait la jeune serveuse en frottant les tables et en empilant les chaises alors qu'un groupe bruyant n'en finissait pas de commander leur dernière tournée.

Quand, enfin, l'ultime accord de guitare fut plaqué, et que le dernier client abandonna la place avec des *abrazos*[40] un peu éméchés, Titi sortit de la *cueva* en portant un plateau et une carafe de sangria.

– Asseyons-nous ici, *guapita*[41].

La nuit douce et étoilée, le calme revenu après l'exubérance de la soirée, et Titi qui lui offrait les silences de son amitié. Tout à coup, Luce se demanda si, un jour, elle pourrait vivre sans Grenade, sans l'Alhambra qui

---

39. Ne pleure pas, ma toute petite fille.
40. Accolades, avec tapes sur les épaules.
41. *Guapa* : jolie. *Guapita* : jolie petite…

veillait sur elle, de son premier coup d'œil ensommeillé du matin au dernier regard épuisé jeté par-dessus son épaule, après le travail. Et comment pourrait-elle se passer de ses après-midi musicaux avec Esteban ?

Ici elle avait trouvé la paix, elle ne voulait pas de ce que Titi avait à lui dire. Sa mère reviendrait à son heure. Tout irait bien. Pourquoi chercher plus ?

L'Andalou soupira. Son visage se distinguait à peine dans l'obscurité, car il avait éteint les guirlandes de la terrasse. À plusieurs reprises, pendant la soirée, Luce avait surpris son attention soucieuse peser sur elle. Ses paroles naîtraient peut-être de cette nuit grenadine si le moment lui paraissait approprié. Luce n'osait plus bouger, les yeux braqués sur la forteresse maure, comme pour y puiser de la force, le souffle suspendu.

Au bout d'un long moment, Titi se racla la gorge.

– Vois-tu, *hijita*, ta mère, je la connais depuis plus de vingt ans.

20

C'est là-haut, dans les jardins de l'Alhambra, qu'il l'avait remarquée pour la première fois. Il était guide touristique pour payer ses études d'histoire. On ne l'appelait pas Titi alors, mais Tibaldo. Sa chère maman, que Dieu la bénisse, avait eu le coup de foudre pour ce prénom au cours de sa grossesse lors d'une représentation flamenca de *Roméo et Juliette*. Fils d'un professeur juif de l'université et d'une gitane, son sang charriait toutes les nuances de l'âme grenadine.

Il voyait cette fille revenir chaque soir et s'installer sur le même banc, devant la tour de la Dame. Pâle, un air lointain qui brisait le cœur, et des cheveux courts et roux, tout hérissés, comme une renarde échappée du piège qui n'en aurait jamais fini de lécher ses blessures. *Qué guapa*[42]...

Luce retint sa respiration. C'est donc ici que Gloomy s'était échouée après sa fuite de Paris. Pourquoi, comment? Elle retenait ses questions.

42. Quelle beauté...

– Tous les jours, ma dernière visite terminée, disait le gitan, je me hâtais de retourner dans le jardin, juste pour la regarder. Elle m'obsédait. Je n'osais pas l'aborder, et pourtant, crois-moi, en amour, je tenais plus de Don Juan que de Roméo !

« Un jour, j'ai demandé à des amis de venir avec leurs guitares et leur meilleur flamenco. Ils se sont installés à quelques mètres derrière un bosquet pour chanter des chansons d'amour. Moi, j'étais assis sur un banc et l'air studieux, je lisais un ouvrage savant sur la chute de Grenade. Je faisais semblant plutôt, j'aurais bien été incapable de fixer mon attention sur le pauvre Boabdil. Je crois bien que la fille n'était pas dupe. Le lendemain, les musiciens sont revenus, avec leurs guitares et leur meilleur flamenco, et quand ils ont commencé à jouer, elle m'a souri, comme une déchirure d'âme, puis chacun s'est replongé dans sa lecture. Le soir suivant, on s'est salué. Enfin, le quatrième jour, elle s'est assise à côté de moi. On a regardé ensemble les colonnes du patio se refléter à l'envers dans l'eau glauque de l'étang du Partal.

« Le jour d'après, je lui ai demandé comment elle s'appelait.

« – Tu choisis, a-t-elle répondu, je n'ai plus de nom qui vaille.

« – Alors, je t'appellerai Morayma, du nom de la petite épouse tant aimée du prince Boabdil.

« Le surlendemain, je lui ai récité un poème de Lorca.

« Enfin, un soir, elle a glissé sa petite main dans la mienne, et m'a suivi chez moi.

Un peu gênée, Luce se servit de la sangria. N'y avait-il pas quelque chose d'indécent à dénuder ainsi l'histoire d'Inès ? Pourrait-elle la regarder à nouveau comme une mère, alors que son passé lui était dévoilé, sans fard ? Mais arrêter Titi maintenant qu'il était lancé était aussi impossible que d'empêcher Lola de danser quand le *duende* se manifestait.

Au fil des semaines, Morayma livra à Titi quelques maigres informations sur son séjour en Espagne. Elle avait vécu plusieurs mois dans la Alpujarra, ce coin perdu des montagnes de Grenade. Là-haut, elle s'était lavée de son passé dans les eaux glacées du Mulhacén. Un passé dont elle ne parlait pas.

– Je n'y tenais pas. J'avais vu les cicatrices, les traces au creux des coudes, les marques qu'elle s'était faites, et celles, plus anciennes, qu'on lui avait infligées, toute une géographie du malheur que mes baisers auraient voulu effacer.

Le gitan scruta le jeune visage qui ne regardait que l'Alhambra. Il y avait de Morayma dans ce profil hermétique, ce menton qui se relevait dans une tension furieuse, ces paupières qui ne se baisseraient pas, quoi qu'il en coûte.

– Oui, petite, ta mère, je l'ai aimée de toute mon âme, de tout mon corps. Je ne me faisais guère d'illusions. Elle avait beau partager mon lit et me combler de sa tendresse, je devinais que je ne la garderais pas. Elle se réparait auprès de moi, et c'était tout le rôle qu'elle m'accordait. Je l'acceptais. C'est moi qui l'ai poussée à prendre des cours par correspondance, à passer examen sur examen tout en sachant qu'en lui donnant les clés de sa prison, un jour, elle se sauverait… Ses cheveux avaient repoussé. Elle riait de plus en plus souvent, et le soir, elle dansait avec moi. Un Andalou ne peut vivre sans musique. Nos nuits étaient tendres et confiantes. Nous partagions au jour le jour une amitié d'amour qui nous faisait du bien. Quatre ans ainsi, et Morayma obtint une licence. La semaine suivante, elle m'annonça qu'elle était admise dans une école de journalisme à Paris.

Luce murmura :

– Et elle s'est coupé les cheveux…

– Comment es-tu au courant, ma fille ? Sa longue tresse rouge de henné, un soir, je l'ai retrouvée dans la poubelle. Morayma était dans notre chambre, assise sur le lit. Elle me regardait avec affection et sa petite tête de princesse rebelle se tendait vers moi.

« – Morayma, j'ai gémi. C'est déjà maintenant ?

« Elle a secoué son crâne hérissé.

« – Titi, il n'y a plus de Morayma…

« La nuit de son départ, je n'ai pas dormi. Je l'ai gardée tout contre mon cœur, les yeux grands ouverts, pour ne rien perdre de sa chaleur, de sa respiration douce, de ce souffle d'enfant brisé.

« Puis elle est partie.

« Moi, l'année d'après, je me suis marié avec la Palomita qui me voulait depuis longtemps. Mon métier de professeur m'insupportait, j'ai racheté ce café. Pour tout le monde, je suis devenu Titi.

– Mais… Vous…

– Non, petite, laisse-moi raconter. Si je m'arrête, je ne pourrai plus reprendre. À l'école des journalistes, bien sûr, celle qui n'était plus Morayma a rencontré ton père. Pour la première fois, elle était vraiment amoureuse. Quand il est mort, je lui ai écrit qu'elle serait la bienvenue avec son enfant. Palomita et moi, on venait de divorcer sans trop de grabuge. Belle gitane, mais caractère de démone, qui ne supportait pas Bach…

« Ta mère a répondu qu'un jour, elle reviendrait partager mon *amitié*. Notre vie commune était une parenthèse lumineuse qu'elle garderait dans son cœur à jamais. Elle signait Inès, comme pour rappeler son attachement à l'Espagne. Au cours des ans, il lui arriva, quand tu partais en camp de vacances, de passer une semaine ici. Nous discutions sur la terrasse, nous ne nous touchions plus, ce temps était révolu. Je lui demandais : pourquoi tu n'amènes pas ta fille avec toi ? Tu as honte de Titi ? Elle riait : "Mon histoire m'appartient, c'est la seule chose que je ne lui donnerai pas." Je t'ai vue grandir à travers les photos qu'elle apportait, les anecdotes qu'elle racontait. J'ai tout su de ton entrée dans l'adolescence.

« Ne me demande pas pourquoi Inès est partie de chez vous. Quand elle est arrivée ici au printemps, elle m'a fait promettre le silence.

Luce se pencha vers le gitan et posa sa main sur son bras, pressante :

– Je t'en supplie, Titi, dis-moi où elle est, je veux la voir…

Tibaldo regarda vers l'Alhambra, et derrière les montagnes sombres, pleines de la nuit de la Alpujarra.

– J'ai juré sur San Sebastian et San Anton, *hijita*, Morayma porte son propre exil… Quand elle l'aura apprivoisé, elle reviendra, plus forte que jamais. Va te coucher maintenant, il est tard.

21

Il était 18 heures, la lumière dorée caressait la tour de la Dame. Le bâtiment à la structure aérienne se reflétait, inversé, dans le miroir de l'étang du Partal. Luce avait passé deux heures à visiter le vieux palais arabe, émerveillée par les fines calligraphies de stuc, les forêts de colonnes élancées, les *azulejos* aux dessins énigmatiques, les plans d'eau immobiles, les minces rigoles où courait une eau fraîche et limpide entre les dalles de marbre, les patios secrets aux fenêtres ajourées qui ouvraient sur la ville blanche et les collines de Grenade. Comment aurait-elle pu, de sa chambre, deviner que les robustes murailles crénelées dissimulaient ces subtiles dentelles de pierres ? L'image de sa mère et Titi avait baigné sa visite d'une aura mélancolique. Titi avait tant aimé sa Morayma ! Avait-elle répondu à son amour ? Luce voulait le croire.

L'orchestre s'accordait sur une des esplanades extérieures jouxtant la tour de la Dame. La jeune fille aperçut Esteban qui discutait avec des musiciens. *Il s'est fait beau, dis donc.* Malgré tous ses efforts de domestication, ses cheveux bouclés lui retombaient encore sur les yeux. Il les repoussait en la cherchant du regard. Elle esquissa un signe de la main. Immédiatement, le visage du garçon s'éclaira. Il la rejoignit à grands pas. « ¡Hola, Luz! »

Avec une courtoisie hors d'âge, le jeune homme la guida habilement vers deux places non loin de l'étang du Partal. Une fois assis, Esteban lui désigna la violoncelliste qui leur souriait derrière son pupitre. « Regarde, c'est Gloria. » Quoi, cette splendide brune ? Chevelure opulente, lèvres écarlates, corps sublime… Mais une vieille, elle avait au moins 30 ans !

Du bout des lèvres, Luce concéda :

– Elle est jolie.

Le garçon lui répondit d'un ton distrait, en saluant de loin un homme mûr.

– Claudio, son mari, a l'air de trouver aussi… Ils attendent leur troisième enfant, même si ça ne se voit pas encore. Je serai le parrain. Je t'ai déjà parlé de Claudio, non ? C'est mon prof d'harmonie.

Luce rougit.

C'est malin, il va croire que tu es jalouse !

Soudain, sur un geste du chef d'orchestre, le silence gagna les rangs des spectateurs et le concert débuta. La jeune fille se cala dans son siège. Se retrouver ici, en terre étrangère, se laisser posséder par la musique dans ce palais féerique la fit sourire de plaisir. Un soupçon de remords envers *Metalmonk Funeral* l'effleura. *On a le droit d'aimer les deux, non ?*

Dans la chaleur déclinante de cette fin de journée, les violons magnifiaient le ciel violet sur les tuiles sombres de l'Alhambra, les portiques ciselés, les fenêtres à moucharabiehs, et aussi, et surtout, la présence de ce garçon à son côté. Tandis que la guitare égrenait des notes à la fraîcheur de fontaine, une nostalgie étreignit la jeune Française, celle qu'on ressent quand on vit un instant rare tout en ayant la perception de sa fin imminente.

Lors de la reprise du thème, elle soupira. L'adagio engendrait des désirs d'amour, de sentiments forts, d'amitiés inébranlables. Mais elle, Luce, qui l'aimait? Ses copains l'appréciaient, sans plus. Léo l'avait trahie à la première occasion. Son père, elle était trop petite à sa disparition pour l'avoir vraiment connu. Quant à sa mère, elle l'avait laissée tomber...

Esteban suivait la musique, son fin profil tendu vers l'orchestre, absorbant de tout son corps penché en avant les notes qui faisaient frémir ses doigts sur ses genoux. Prise du besoin de ne plus dériver solitaire, Luce lui effleura le poignet. Esteban tourna son visage vers elle. Ses yeux embrumés par l'écoute luisaient sous la masse drue de ses cheveux Il porta à ses lèvres les doigts abîmés puis garda sa main enserrée dans les siennes. Ils restèrent ainsi pour traverser le final somptueux, jusqu'à ce que le dernier arpège de guitare s'éteigne dans le crépuscule grenadin. Alors, ils applaudirent de toutes leurs forces, debout, très longtemps, en se jetant des regards brillants. Plus tard, alors qu'ils marchaient vers le Generalife, Esteban posa un baiser sur sa tempe.

Encore tout imprégnés de la splendeur du Concerto d'Aranjuez, ils longèrent des bassins, croisèrent des fontaines, suivirent des allées de lauriers-roses et de cyprès. Ils trempèrent leurs pieds nus dans les canaux peu profonds qui coulaient en silence sur le marbre. Elle s'amusait à faire bouger ses orteils dans l'eau fraîche. Il l'éclaboussa, elle le poursuivit avec des cris aigus de petite fille, les mains en coupe, projetant des gouttelettes scintillantes sur ses boucles brunes. Il s'ébroua, la rattrapa puis la poussa sous l'arrosage des plates-bandes.

Le rire d'Esteban s'éteignit.

Oublieuse de tout, immobile, elle tendait son visage à la bruine rafraîchissante où dansaient des arcs-en-ciel. Les gouttes se condensaient sur ses épaules, sinuaient vers son décolleté. Il avait envie de l'attirer dans ses bras, pour la bercer, la consoler, la protéger. De quoi ? Il ne savait pas. Il la devinait si vite alarmée, frémissant parfois d'une souffrance cachée, mais riche aussi d'une énergie contenue, valeureuse ! Mais *Dios mío*, c'est qu'en plus, elle était diablement mignonne, ainsi toute frissonnante, inconsciente de ses petits seins qui se dressaient sous son tee-shirt. Esteban se détesta de cette pensée. L'attitude de Luce le montrait clairement, elle ne voulait pas mener leur relation sur ce terrain-là. Il lui tendit la main. « *¿ Vamos ?* » Les doigts de Luce vinrent s'agripper aux siens. Elle ne le regardait pas. Sans se parler, ils reprirent leur promenade. Dans un petit enclos, orné d'un bassin couvert de nénuphars, un banc de pierre les attendait. D'ici l'on pouvait admirer la vue sur le Sacromonte. Le soir tombait sur les maisons blanches qui escaladaient, têtues, la colline dans un fouillis de cyprès et de palmiers.

La voix d'Esteban s'éleva, un peu voilée :

– Hoy, Granada, te elevas guardada por cipreses
(llamas petrificadas de tu vieja pasión).
Partió ya de tu seno el naranjal de oro,
la palmera extasiada del Africa tesoro,
solo queda la nieve del agua y su canción[43].

Puis il se tut. Luce sourit. Était-ce une coutume andalouse de réciter du Lorca à l'oreille des filles ? Les bruits de la ville montaient vers eux, étouffés. Le parfum du jasmin en fleurs ruisselant d'une pergola l'engourdissait. Leur relation était en train de basculer, elle le sentait, elle ne le voulait pas. Fallait-il vraiment perdre autant pour trouver quoi ?

En guise de diversion, elle essayait de repérer l'emplacement des *cuevas* de doña Lola. Ses cheveux encore humides chatouillaient le menton d'Esteban. Il se racla la gorge, troublé, et lui désigna un immeuble modeste.

– Regarde ! C'est là que j'habite, juste là, pas loin des trois cyprès.

Il se rapprocha d'elle, jusqu'à ce que leurs joues se frôlent, et qu'elle puisse localiser « la troisième fenêtre, à gauche, au-dessus du gros palmier, tu vois ? ». Tiédeur de son corps de fille, mouvement heurté de sa respiration.

Luce l'avait bien repérée, cette sacrée fenêtre, mais faisait comme si, pour ne plus avoir à s'éloigner et pour le sentir, là, tout près d'elle. Quelque chose de délicieux, de

43. Aujourd'hui, Grenade, tu te dresses, gardée par les cyprès/ (flammes pétrifiées de ta vieille passion) / Déjà tu éloignas de ton sein l'orangeraie d'or/la palmeraie extasiée, de l'Afrique le trésor/ seules restent la neige de l'eau et sa chanson. (Federico García Lorca)

terrifiant les entraînait contre leur gré l'un vers l'autre à une vitesse vertigineuse, alors que la fragile barrière de la musique n'était plus là pour contenir l'attirance qui couvait en eux. Il était encore temps de revenir en arrière.

Mais leurs regards se croisèrent. Les yeux d'Esteban étaient gris, d'un gris brun qui ne se distinguait que de près, de si près. Du bout d'un doigt, il effleura les lèvres de Luce, repoussa la mèche de cheveux qui serpentait sur sa joue.

– J'aime ta bouche, murmura-t-il.

Il semblait à Luce que tous les chemins l'avaient conduite sous cette tonnelle embaumée, au creux de ces bras-là, dans cette soirée douce de Grenade. Esteban l'embrassa. Elle s'étourdit des mots tendres qu'il lui chuchotait en espagnol en parcourant de ses lèvres sensibles de musicien sa bouche, son cou, la naissance de ses seins. Perdus dans la découverte d'eux-mêmes, ils sursautèrent quand un gardien hilare surgit dans leur dos et cria à la cantonade : « On ferme ! » À regret, ils se dirigèrent à pas lents vers la sortie, jetant un regard de nostalgie, déjà, au joli enclos qui les avait accueillis. Ils se tenaient par la main, se contemplaient, abasourdis par ce qui leur arrivait, marchaient un peu, se regardaient encore, effrayés de leur désir, s'étreignaient comme s'ils pouvaient ne plus être qu'un, là, au milieu de la foule qui évacuait les jardins, qui les bousculait, passait de chaque côté de leur couple comme un fleuve impatient contourne un rocher.

Esteban l'entraîna en courant. « Viens, il y a trop de monde. » Hors d'haleine, en riant, elle le retint. Sur le boulevard, dans le flux lent du *paseo*, il la serrait contre lui, leur frayait un passage. Soudain, il déclara du ton de celui qui n'en revient pas :

– Comment ai-je pu attendre si longtemps avant de t'embrasser ? Dès que je t'ai vue à mes pieds au mirador de San Nicolas, j'en ai eu envie.

– En fait, tu ne bossais pas ta clarinette, tu me draguais ?

– Que tes lèvres se posent dessus, c'était comme un baiser, non ? Avoue que tu y as pensé aussi ! *Claro que sí !*

– Et c'est comme ça que j'ai recommencé à jouer ! Mais toi, tu étais bien trop occupé avec toutes ces belles filles !

Le garçon la questionna avec une innocence diabolique :

– Quelles filles ?

Il l'embrassa encore. Tout n'allait-il pas trop vite ? Ce désir qui lui montait du ventre jusqu'à l'étouffer bataillait contre une terreur égale. Et maintenant, qu'allait-il se passer ? Le même gâchis qu'avec Léo ? Non, non, surtout pas ça.

Ils arrivèrent enfin non loin du fleuve et s'engagèrent dans une avenue passante, main dans la main. La foule était dense, bruyante. Touristes et autochtones se mélangeaient. Toutes les origines s'y retrouvaient, depuis les Japonais en groupe et les Allemands frappés de coups de soleil jusqu'aux élégantes Andalouses marchant de leur pas voluptueux de danseuse flamenca. Et même des lamas tibétains.

Mais… Là-bas, justement, flanquée de deux moines en toge grenat, cette stature droite de femme que rien ne pouvait courber, cette tête rasée, ce cou trop long ? Luce se raidit, aux aguets. Sans qu'elle le veuille, sa main se crispa dans celle d'Esteban. Il la regarda d'un air interrogateur. Elle hâta le pas, lui dans son sillage.

La femme était habillée d'un tee-shirt orange et d'un jean. Non, Luce avait une hallucination, ce ne pouvait pas être Inès, en compagnie de ces deux chauves qui s'éloignaient, les pieds nus chaussés de sandales ?

– Attends-moi ici !

Luce se précipita à leur poursuite, mais la foule se pressait de plus en plus nombreuse sur les trottoirs de l'avenue. Elle eut juste le temps de voir la femme s'engouffrer dans une voiture grise et d'apercevoir son profil.

Plus de doute, c'était Inès…

Inès, se baladant tranquillement avec des moines bouddhistes, à Grenade !

La main chaleureuse d'Esteban se posa sur son cou.

– Tu es toute pâle, *amor*, on dirait que tu as vu un fantôme…

Le jeune musicien l'attira dans ses bras, il la berça en chuchotant :

– Tu as besoin de parler, *no* ?

Ils s'installèrent sur la terrasse d'un bistrot tranquille surplombant la ville, devant des boissons fraîches et quelques portions de tapas. Esteban écoutait avec attention l'histoire de Luce.

– Drôle de séjour linguistique, *querida*[44] ! lâcha-t-il quand elle eut fini, tout en se penchant pour dénouer ses doigts crispés sur la serviette et les porter à ses lèvres.

Puis il reprit avec gravité :

– Tu dis qu'elle a changé plusieurs fois d'identité et de vie, et là, maintenant, tu crois qu'elle est devenue bouddhiste ? Dans une secte ?

Pour Luce, c'était évident. On disait que les sectes éloignaient les adeptes de leurs familles, que les personnes adoptaient d'étranges attitudes… Pour Inès, ces cheveux rasés, cette fuite, ces mensonges… Et si elle s'était laissé endoctriner ? Ils la retenaient prisonnière peut-être. Mais où ?

Esteban appela le serveur pour commander une autre tournée de tapas. Puis il remarqua :

– Des bouddhistes, à Grenade, il ne doit pas y en avoir tant que ça. Je te promets que je me renseignerai. Il ne faut pas que tu t'inquiètes, Luz.

Sa main enveloppa celle de la jeune fille sur la table. Ils se regardèrent et ce que disaient les yeux d'Esteban ne nécessitait pas de traduction. Le cœur de Luce se serra.

– Je te raccompagne ?

Elle se contracta. Elle aurait tant aimé pouvoir accepter, mais quelque chose l'en empêchait, une brisure, subie dans les hauts de l'Observatoire, sous le poids d'un autre jeune homme.

Le garçon sentit sa réaction. Il lui prit le menton, fronça les sourcils, inquiet :

---

44. Chérie.

– *No te asustes, amor*[45]… Tu ne dois pas avoir peur de moi ! Tu n'es obligée de rien. Je te raccompagne. *Nada más*[46].

Ils se levèrent, quittèrent le bar et se dirigèrent vers le Sacromonte.

---

45. Ne sois pas effrayée, (mon) amour.
46. Rien de plus.

22

Le jour se levait sur Grenade, Luce s'étira. La veille au soir, ils s'étaient attardés longuement sur sa petite terrasse. Blottie contre la poitrine d'Esteban, Luce avait osé évoquer le désastre de sa relation avec Léo. Elle se devait de lui parler avec franchise. Paradoxalement, le fait de s'exprimer en espagnol et dans la pénombre lui facilita la tâche. Les mots étrangers, ses approximations, écartaient d'elle la gêne et le chagrin, lui permettant de confier ses appréhensions, d'avouer le plaisir qui ne venait jamais. Il lui fallait du temps, elle avait peur. Trop peur. Elle se sentait nulle.

Esteban ne l'avait pas repoussée. Au contraire, on aurait dit que ses bras faisaient barrage à son cauchemar. Elle ne voulait plus qu'il s'éloigne, jamais. Elle voulait rester dans sa chaleur, son odeur, se laisser bercer par sa respiration lente de musicien.

La voix sourde d'Esteban avait rompu le silence.

– Cette histoire, tu l'as vécue comme un viol. Ce type est un sinistre…

Esteban ravala la révolte qui l'avait secoué au récit de la petite Française. Elle n'avait besoin ni de colère ni de mots de réconfort, et surtout, il ne fallait pas la brusquer. Ses doigts tièdes sur ses épaules et son regard tendre planté dans les yeux inquiets de Luce, il avait déclaré :

– Je pourrais dire : « Super Esteban est là maintenant, il va tout réparer » mais…

Puis ses lèvres avaient effleuré les siennes avec douceur.

– Un jour tu oublieras, je saurai t'attendre…

Et il avait disparu dans la nuit.

Restée seule, Luce s'était traitée de gourde, de pauvre tarte, d'imbécile, de sombre crétine. C'était trop tard maintenant pour regretter le départ du doux Espagnol ! Tout son corps criait son besoin de lui. Un instant, elle pensa le rejoindre, mais comme une cruche, elle ne lui avait jamais demandé son adresse. Puis elle s'endormit, entremêlant dans ses rêves les beautés du Generalife, les baisers du musicien, et la tunique grenat des moines bouddhistes.

Quand elle se réveilla, il était 11 heures. Elle demeura longtemps allongée dans son lit, les yeux ouverts, à s'interroger sur sa soirée avec Esteban. À la lumière du jour, la merveilleuse promenade dans les jardins de l'Alhambra, les mots brûlants chuchotés à son oreille étaient teintés d'irréalité. *Idiote, tu l'as laissé partir, il ne reviendra pas.* Il n'avait qu'à traîner cinq minutes sur le paseo de los Tristes pour voir s'agglutiner autour de lui une nuée d'Andalouses affamées… *Tu as tout gâché !*

On frappa discrètement à la porte. Luce passa vite une robe avant d'ouvrir. Esteban était là, contredisant ses sombres prévisions, un large sourire aux lèvres et un sachet de churros à la main. Sur la table de la petite terrasse, le garçon avait posé un Thermos de café.

Alors qu'ils terminaient leur petit déjeuner, le musicien déclara :

– Hier soir, en rentrant, je me suis souvenu d'un truc. Il y a quelque temps, j'ai vu un reportage sur un enfant andalou qui avait été reconnu comme une réincarnation d'un saint homme tibétain… Ça se passait dans un monastère bouddhique de la Sierra Nevada, pas loin de chez mon oncle, dans la Alpujarra. C'est une région magnifique, j'aimerais te la faire découvrir !

Le cœur de Luce se serra. Subitement, elle réalisa qu'il ne restait que quinze jours avant la rentrée scolaire. Cette parenthèse enchantée de Grenade se terminerait, elle devrait retourner en France. Inès aurait-elle réapparu ? Luce en doutait. En rentrant, une corvée l'attendait : virer Moony et son gaillard. Elle ne voulait plus les voir. L'idée d'être séparée d'Esteban l'accabla.

Devant sa mine assombrie, le garçon plaisanta :

– Qu'est-ce qui t'arrive, *corazón*, tu n'aimes pas la montagne ?

Luce mentit piteusement.

– Je me sentirais mieux si je pouvais parler à ma mère…

– Ta maman, on va tout faire pour la retrouver, je te le promets. Au fait, comment s'appelle-t-elle ?

– Inès Capileira, enfin… C'est son pseudo…

Le jeune homme sursauta.

– Capileira ! Mais c'est le nom du village où est le monastère ! Tu crois au hasard, toi ?

« Un lieu où se retrouvaient les gens exilés d'eux-mêmes. » Titi avait plusieurs fois évoqué cette région de montagne. Il avait laissé échapper aussi qu'Inès avait besoin de faire une retraite… Le cher Tibaldo aurait-il essayé de l'aiguiller sans rompre sa promesse ?

– Eh bien, je te parie tout ce que tu veux qu'elle est là-bas.

Le garçon se resservit du café. Bon Dieu qu'il était beau ! Rasée de près sur le menton et la lèvre supérieure, une barbe de trois jours ombrait ses joues d'une touche craquante. Sa peau mate, les longs cils de fille qui frangeaient des yeux en amande, son regard gris, cette bouche large aux lèvres frémissant toujours d'un sourire contenu. Luce en oubliait de manger…

Bon, arrête de le dévorer des yeux, se tançait la jeune fille en grignotant un beignet. *Tu attends quoi ? Qu'il termine son petit déjeuner ? Saute-lui dessus, voyons.* Inconscient des ravages qu'il provoquait, Esteban poursuivait sa description de la Alpujarra :

– Pour se reposer, il n'y a pas mieux. Quand j'étais gamin, j'y passais toutes les vacances chez mon oncle… À l'époque, l'été, je faisais partie de l'orchestre du village, la *banda*[47] de Bubión. C'est complètement fou, les fêtes là-bas… Comme un idiot, à l'adolescence, j'ai craché dessus. Maintenant je le regrette. Tiens, tu me donnes un prétexte, je vais téléphoner à Tío Carlos pour lui demander des renseignements sur ces bouddhistes.

---

47. Harmonie ou fanfare.

Esteban passa une main en râteau dans ses cheveux drus. Puis il la prit dans ses bras. *Ça y est*, s'encouragea Luce, *je me jette à l'eau.* Mais le jeune homme, après un bisou rapide, se détacha d'elle :

– Il faut que j'y aille, *guapa*, j'ai un cours à assurer, je dois d'abord passer chez moi pour récupérer ma clarinette, et j'en profiterai pour appeler mon oncle…

Merde, pensa Luce, *il joue avec mes nerfs.*

*

Quand il revint, Esteban était radieux. Luce, elle, avait passé deux heures à se demander quoi faire, *j'y vais, j'y vais pas*, avec la peur qui montait, qui la glaçait, les images mornes de ses nuits avec Léo qui la traversaient. *Non, j'y vais pas. Tant pis, je resterai célibataire toute ma vie, ou bonne sœur. Je peux pas, pas encore, tant pis, je vais lui dire…*

Le beau clarinettiste l'embrassa à la volée, la laissant pantelante, et débita à toute allure :

– Tío Carlos m'a confirmé qu'il y avait un monastère bouddhique près de Capileira. C'est un centre de retraite spirituelle, perché sur des hauteurs. Bien choisi, on se croirait au Tibet !

– Tu penses qu'elle pourrait être là ?

– *Cierto*, et on va le vérifier ! Je ne t'ai pas tout dit. Dimanche, on part tous les deux pour la Alpujarra.

Luce éclata de rire devant l'excitation du jeune homme qui l'embrassait avec fougue.

– Mais qu'est-ce que tu racontes, je n'y comprends rien !

Plus calmement, il s'expliqua :

– Tío Carlos est le chef de la *banda* de Bubión, le village voisin de Capileira. C'est une petite fanfare qui se produit lors des processions, et qui donne des concerts sur la place de l'église. Il m'a demandé de le dépanner. Le clarinettiste du groupe s'est foulé le poignet. Mon oncle m'a supplié de le remplacer pour la *procesión de Los Santos*[48]. Il m'a faxé les partitions, il faut qu'on répète.

– Comment ça, *on* répète ?

– Je l'ai prévenu qu'on serait deux clarinettistes !

– Quoi ? Tu veux que je joue dans une *fanfare* ? Mais tu es fou, je vais me ridiculiser ! Ça fait des années que je n'ai pas fait de l'orchestre !

– ¡ *Querida* ! On va s'amuser comme des fous, et tu pourras mener ton enquête sur ta mère !

Le garçon entreprit de monter sa clarinette, avec un sourire sadique. Il semblait trouver cela très drôle. En tout cas, il s'en tenait à sa ligne de conduite. Légers bisous par-ci, discrets câlins par-là, il ne dépassait pas les limites qu'il s'était fixées. Le monstre. Autant jouer de la musique, ça occuperait leurs mains. Ils s'accordèrent. Assis sur le bord du lit, l'unique chaise leur servant de pupitre, ils entreprirent de déchiffrer les morceaux. Les mélodies populaires ne présentaient guère de difficultés, elles étaient amusantes et joyeuses. Luce se prit au jeu. Ils se retrouvaient comme avant les baisers de l'Alhambra. La musique avait gagné. Ils travaillèrent d'arrache-pied. Esteban lui signalait les attaques par de brefs coups de menton. Leurs regards se croisaient, il y

48. Procession des Saints.

avait tout de même quelque chose de plus, quelque chose qui donnait le vertige, de terriblement sensuel dans les sons qui s'unissaient, s'enroulaient l'un à l'autre, au gré de la partition.

Au bout d'une heure de répétition, Esteban soupira :

– Ay Luz, c'était trop bon !

Puis il rougit, comme s'il avait dit une obscénité. Luce éclata de rire. Tant pis, advienne que pourra. Elle posa la clarinette sur son support, sans quitter des yeux le musicien qui cachait son trouble en rassemblant ses partitions. Puis, par surprise, elle se jeta sur lui, le fit rouler sur le lit. Les feuillets tombèrent en pluie sur la courtepointe pendant qu'elle l'embrassait, les mains en coupe autour de son visage. Les deux bras du garçon se refermèrent sur elle. « *Ay preciosa*[49], les partitions, on va les froisser… » Ils se dévisageaient. Esteban lui caressa la lèvre inférieure de son pouce :

– Ne me torture pas, *amor*…

Elle sourit gaiement en le dépouillant de sa chemise avec détermination :

– C'est moi qui te veux, Esteban !

À deux mains, elle fit passer sa robe par-dessus sa tête. Elle n'avait rien dessous qu'une toute petite culotte de coton.

– Laisse-moi te regarder, Esteban, laisse-moi te déshabiller, j'ai besoin de te voir. Ne me touche pas encore…

Maintenant, le garçon reposait nu sur le lit de Luce. Docile, il s'abandonnait tout entier aux caresses de la jeune fille à genoux. Les lèvres douces déclenchaient sur

49. Précieuse.

sa peau de petits frissons torturants, son regard chavirait, sa respiration marquait des arrêts. Elle était belle, avec ce pli de concentration entre les sourcils, sa chevelure brune qui lui caressait la poitrine, ce corps menu aux seins haut placés. N'y tenant plus, il tendit une main pour en effleurer la pointe. Elle sourit. Il lui ouvrit les bras et la recueillit toute vibrante et nue contre lui. Les feuillets de musique glissèrent au sol, s'éparpillèrent sur le carrelage rouge, se mélangèrent aux vêtements épars pendant qu'une autre partition délicate et passionnée se jouait au-dessus d'eux.

Plus tard, main dans la main, devant les gitans qui hochaient la tête d'un air entendu sur leur passage, ils dévalèrent le sentier. La chaleur était à couper le souffle. Ils s'achetèrent des sandwichs au mirador de San Nicolas et les mangèrent face à l'Alhambra.

Luce rayonnait. Elle n'avait plus peur. Esteban avait délivré en elle une petite musique qui ne demandait qu'à s'amplifier, à exulter et tout en était transfiguré. La jeune fille se réconciliait avec elle-même. Elle était emplie d'une absurde certitude. Dimanche, elle partirait avec Esteban, quel bonheur, elle retrouverait sa mère. Elles auraient une explication. Quelle que soit la raison de son départ, la situation était différente à présent. Luce avait grandi, mûri, elle se sentait forte et pleine de joie de vivre. Ce qu'elle connaissait du passé d'Inès ne lui faisait pas peur. Il avait fait de sa mère ce qu'elle était. Luce l'avait blessée par son attitude puérile, mais c'était fini, tout cela. Elle voulait seulement lui parler pour dissiper les doutes, et lui présenter Esteban. Ensuite, elle pourrait vivre pleinement son nouveau bonheur.

Pour l'instant, il n'y avait pas à réfléchir. La main dans la main, elle suivait le gaillard qui l'entraînait plein de hâte, là-haut dans sa chambrette de l'Albaícin. Esteban qui, dès la porte refermée sur eux d'un coup de pied fougueux, l'emprisonnait dans ses bras impatients. À regret, il la relâcherait, étourdie de baisers, ravie, tuée d'amour, deux heures plus tard parce qu'il fallait bien qu'elle aille travailler.

Tout au long de son service, la jeune fille parut ailleurs. Perplexe, Titi nota qu'elle se trompait en rendant la monnaie. Pire, elle, si réservée d'habitude, la voilà qui riait aux plaisanteries des clients, et même ne chantonnait-elle pas en desservant ? Ma parole, cette fille a trouvé de quoi s'occuper, diagnostiqua le gitan en détaillant les lèvres tendres gonflées, les yeux cernés et rêveurs de sa petite serveuse. Tant mieux, elle en oubliait de demander des nouvelles de sa mère. Lors de son passage au café, la veille, Inès l'avait supplié : « Ne lui dis rien, Tibaldo, je ne suis pas prête… » Le secret était lourd à garder. Pourvu que la petite ait bien choisi, elle avait intérêt à faire provision de bonheur. Plus tard, quand le cafetier remarqua la présence du *novillo*[50] à la grâce élastique qui ne lâchait pas du regard sa jeune employée, Titi soupira de soulagement. Un Andalou. Elle a du goût.

Un groupe de flamenco se forma, les chaises furent disposées en cercle, les mains commencèrent à claquer et les guitares à résonner. Luce se rapprocha de son soupirant. Ces deux-là n'avaient fait que se chercher toute la

---

50. Jeune torero.

soirée. Comme par mégarde, quand Luce passait à côté de lui, sa main effleurait la sienne. Elle s'appuyait un peu trop longuement à son épaule en se faufilant entre deux tables avec son plateau chargé et quand elle se penchait, la gredine, pour frotter une énième fois le guéridon qui n'en demandait pas tant, elle lui offrait gratis une vue qui plaisait sûrement plus au jeune homme que celle de l'Alhambra. Titi secoua la tête. Voilà qu'il tentait de lui apprendre à *dar las palmas*[51] à la manière flamenca. *Dar las palmas*, il pouvait toujours essayer de lui montrer, même Lola s'y était cassé les dents. C'était dur pour les Français, ces rythmes andalous.

Les musiciens gitans se lancèrent dans une série de *sevillanas*. Les couples se formèrent. Le jeune homme tira Luce par la main vers le groupe des danseurs. Elle résistait, faisait signe que non, riait, et lui se faisait enjôleur. Soudain, comme on se jette à l'eau, Luce fit trois pas vers le centre de la piste. Les yeux plantés dans ceux d'Esteban, elle se cambra, mains dressées au-dessus d'elle, tournant les poignets, doigts écartés au rythme de la musique. Le garçon la rejoignit. De dos, épaules contre épaules, ils se coulaient des regards de défi. Il évoluait autour d'elle, maintenant, comme un torero. Très vite, elle prit de l'assurance. Bravant l'homme qui la dominait de toute sa taille, elle rejeta la tête sur le côté, et pivota sur elle-même en le frôlant de la hanche. «*Anda*[52] », cria Titi. « *Vale*», approuva Lola. La petite se

51. Taper des mains : clapaclapaclap !
52. *Anda* : vas-y ; *vale* : c'est bien.

libérait. Le menton relevé, elle aguichait son cavalier, s'esquivait, tournoyait, lui échappait encore, pour s'immobiliser à la fin du couplet, renversée, palpitante entre ses bras en corbeille. Titi esquissa une moue ironique, certain maintenant de ce qu'il avait pressenti : la gamine avait le *duende*. Et le garçon était pris, et bien pris. Petite sorcière.

Le patron de bistrot soupira en retournant à son comptoir. Il fut un temps où la belle Morayma dansait la *sevillana* avec lui. À présent, c'était le tour de Luce. *Pour notre amour, la saison ne reviendra pas. Et c'est bien dommage*, pensa Titi. *Et celle-là va bientôt prendre son envol.* Lo siento[53], *j'aurais aimé qu'elle soit ma fille.*

---

53. Je regrette, dommage.

23

La mère d'Esteban lui avait prêté sa vieille voiture. Une fois sortis de l'autoroute de Grenade, ils entamèrent la montée qui les mènerait à la Alpujarra. Au détour d'un virage, ils virent surgir un gigantesque champ d'éoliennes. Blanches, acérées, elles étaient installées dans un goulet de vent et leurs hélices menaçantes se dressaient juste au niveau de la chaussée, redoutables gardiennes du chemin de la sierra. Esteban arrêta la voiture, et tous deux, enlacés, fouettés par la brise tiède, contemplèrent le paysage aride. Luce frissonna.

– Partons, elles me font peur.

Tout en conduisant, Esteban commentait avec enthousiasme la région qu'ils traversaient. Ici, répétait-il, se sont réfugiés les derniers Maures après la chute de Grenade. Ils y avaient apporté leur art de l'irrigation. Du haut de la sierra s'écoulaient encore les rigoles de pierres serpentant le long des courbes de niveau. On les appelait des *acequias*, et elles livraient l'eau du pic de Mulhacén aux cultures tropicales de la côte et aux jardins de l'Alhambra.

– Regarde ! On en voit une qui miroite là-bas.

Mais elle ne se souciait guère du paysage. Elle le regardait, lui, pour se convaincre qu'il était bien là, que leur nuit n'avait pas été qu'un rêve. Ils n'avaient presque pas dormi de peur de se perdre, grappillant parfois quelques instants de repos. Mais, dans le sommeil même, leurs corps se rejoignaient, aimantés par un désir égal qui les soudait, insatiables, éperdus. Dans les bras l'un de l'autre, ils avaient vu les premières approches de l'aube teinter de rose les montagnes lointaines. Le soleil assurait une fois de plus sa domination flamboyante sur la ville endormie. Dorés par les rayons biais, ils s'étaient accordés tout au centre des draps froissés de leur première nuit. Lentement, avec ferveur, en quête d'une vérité qu'ils voulaient absolue, ils avaient fait l'amour. Et puis il y avait eu ce moment, le plus beau du monde, où, les mains crochées dans ses cheveux, Esteban l'avait contemplée, comme s'il hésitait, incrédule devant la violence de son émotion. « *Te quiero*[54] », avait-il prononcé dans un souffle, alors que son regard vacillait et qu'il se donnait à elle, tout entier.

Ils avaient quitté Grenade de bonne heure. Si Titi n'avait fait aucune objection à son départ, Luce avait noté tout de même une pointe de regret dans l'œil du cafetier. Quand elle lui avait expliqué, en quelques mots, ses dernières déductions, la vision fugitive d'Inès en compagnie de moines bouddhistes, son visage s'était

54. Je t'aime.

assombri. « *Quién sabe*[55] », avait-il lâché, boudeur, en actionnant le percolateur.

Quand le bruit infernal de la vapeur s'était arrêté, Luce avait demandé :

– Je t'en prie ! Si elle te téléphone, ne lui dis pas que je suis sur le point de la retrouver. J'ai peur qu'elle me fuie de nouveau…

L'homme avait hoché la tête imperceptiblement.

– Tu lui veux du bien ? Es-tu vraiment certaine de vouloir connaître la vérité ?

– Oui, avait répondu Luce avec gravité.

Fouillant dans son tiroir-caisse, Titi avait compté quelques billets.

– Tiens, tu en auras peut-être besoin. Tu es sûre de ton gaillard ?

– C'est un clarinettiste.

– Alors… avait approuvé Titi. On n'a jamais entendu parler de clarinettiste assassin ou voleur.

Luce s'était dressée sur la pointe des pieds et, s'appuyant contre le comptoir, elle avait planté une bise sur la joue râpeuse du gitan.

– Merci, merci pour tout…

Titi s'était raclé la gorge. Il avait posé un œil vengeur sur Esteban.

– Et toi, si tu la fais souffrir, je te le jure, il ne te restera plus que ta clarinette pour te consoler !

Quand ils sortirent du bar, Luce entendit s'élever le deuxième mouvement du concerto pour clarinette de Mozart.

---

55. Qui sait ?

Comme un au revoir.

*

Une heure de route plus tard, ils arrivèrent enfin à Bubión. Après avoir laissé la petite voiture sur un parking, ils descendirent une ruelle tortueuse pavée de galets. Les maisons cubiques, le toit de l'une formant la terrasse de l'autre, s'agençaient dans un désordre immaculé, comme un village d'oasis qui se serait accroché par hasard dans ces montagnes verdoyantes. Les cheminées chapeautées d'ardoise surgissant comme des champignons blancs des toits en terrasses donnaient à l'ensemble l'allure insolite d'un hameau de Hobbits. C'était un éblouissement de blancheur, de fleurs multicolores, de végétation débordant des patios, de fers forgés noirs aux fenêtres, de rideaux de portes colorés en coton tissé. Partout, l'eau ruisselait, glacée et pure, dans des fontaines de pierre. Sur une placette tout en bas du village, se trouvait la maison de Tío Carlos.

Après quelques exclamations et *abrazos*, Esteban présenta sa jeune compagne à l'oncle, un homme court et dodu, au visage sympathique, et à la tante Remedios, elle aussi courte, dodue et entre deux âges. Luce savait que le couple avait des enfants déjà grands, qu'ils louaient des gîtes pour arrondir les fins de mois, car leur retraite était maigre. La jeune Française ne comprenait presque rien de ce qui se disait. Ici, l'accent était encore différent de celui de Grenade.

Esteban se tourna vers elle :

– Un appartement s'est libéré, des touristes se sont désistés au dernier moment. On peut s'y installer. On y sera plus à notre aise que chez eux… Il y a deux chambres.

Une ombre de sourire parcourut son visage. Il lui avait confié que sa famille n'était pas trop à cheval sur les principes, un de ses cousins vivait même en couple sans être marié, mais la vieille *abuela*[56] qui habitait avec son oncle et sa tante risquait de se choquer.

Tío Carlos leur ouvrit alors une porte dans une maison mitoyenne à la sienne. Il donna la clé à Esteban en rappelant :

– La répétition est à 16 heures, à l'église. Ne soyez pas en retard.

Le petit appartement était peint à la chaux avec de beaux meubles de bois sombre et des murs recouverts à mi-hauteur des traditionnels *azulejos*. Une porte-fenêtre donnant sur le balcon attira Luce vers l'extérieur.

La vue était à couper le souffle, la lumière d'une limpidité de premier matin du monde. Le flanc d'une montagne en terrasse descendait vers une vallée encaissée où luisait un ruisseau. Des sierras brumeuses s'étageaient à l'horizon dans un camaïeu de bleus d'estampe chinoise, et entre deux vallons lointains, une ligne marine se confondait avec le ciel. Accoudée à la balustrade, Luce sentit la rude splendeur de ce paysage l'envahir. Esteban vint la rejoindre.

– Là-bas, c'est la mer. On a de la chance, on ne la voit que par temps clair. C'est beau, non ?

Luce aimait sa respiration douce, alors que les lèvres du garçon s'égaraient dans son cou. Elle se laissa aller dans

56. Grand-mère. Familièrement : *abuelita* : petite grand-mère.

ses bras. Tant de bonheur n'était pas possible. Rien de mal ne pouvait arriver dans un endroit pareil.

Esteban la souleva. Sans effort, il l'emporta à l'intérieur et gravit quelques marches.

– *Abuelita* Amparo peut dire ce qu'elle veut, je n'ai pas du tout l'intention de te laisser dormir seule… Qu'est-ce que tu penses de notre chambre ?

C'était une petite pièce austère et blanche dont la seule décoration était le panorama infini offert par une baie vitrée s'ouvrant sur toute sa longueur.

Il la déposa avec douceur sur la courtepointe de satin rouge. Luce referma les bras sur lui. Bientôt, elle retrouverait Inès, dès demain peut-être, mais pour l'instant, tout au centre de ce grand lit andalou, le bonheur, c'était là, tout de suite, dans ce chiffonnement de vêtements et de baisers picorés par Esteban entre deux mots d'amour.

*

Luce marchait d'un pas léger, les yeux baissés sur son secret. Il lui semblait que la Terre entière devait deviner ce qu'ils venaient de vivre dans la chambrette immaculée. Esteban et elle ne se touchaient pas, convenance oblige, mais leurs corps frissonnaient encore à l'unisson. Tout à l'heure, quelque chose avait cédé en elle. Comme une déchirure de soleil dans le tumulte de l'orage. Soudain, entre les bras d'Esteban, Luce avait explosé en mille éclats de bonheur. Esteban dont elle sentait battre le cœur affolé contre sa poitrine, et qui, le visage niché au creux de son épaule, murmurait : « *Dios mío, nunca… nunca*[57]… »

---

57. Mon Dieu, jamais… jamais…

Puis il avait ri : « Si *abuelita* Amparo savait ça, *mi amor…* » avant de s'endormir comme un enfant, une main posée sur son sein.

À présent, munis de leurs étuis de clarinettes, ils gravissaient tous deux avec peine la rue terriblement abrupte qui menait à l'église.

Intimidée, Luce hésita sur le seuil. Installés sur des chaises devant des pupitres de fer, une dizaine de musiciens braquaient leurs regards sur eux. Flûtes traversières, cornets, saxophones, cors, la fanfare observait avec une curiosité dédaigneuse le couple de clarinettistes qui montaient leurs instruments, l'air dégagé.

L'oncle, de brave type rondouillard, s'était mué en chef d'orchestre pointilleux.

Contrairement à ce qu'avait dit Esteban, la formation avait un niveau technique excellent. C'était une chance que le jeune homme lui ait fait travailler d'arrache-pied les morceaux avant de venir, sinon Luce se serait ridiculisée. La présence attentive d'Esteban à côté d'elle la rassurait. Par de subtils mouvements de sa clarinette, il appuyait les attaques, la guidait en secret. Les mélodies n'étaient pas difficiles, mais il s'agissait de musique traditionnelle espagnole, Luce ne les connaissait pas par cœur alors que les autres musiciens les avaient entendues depuis leur enfance.

– *Perfecto*, approuva l'oncle d'un air satisfait.

Le premier test était passé. Luce sentit qu'elle pouvait se détendre. Peu à peu, le plaisir étourdissant d'être au centre de ces cuivres sonores la submergea. Parfois elle croisait le regard d'Esteban, et ça lui faisait un petit choc au ventre. Au bout d'une heure, le Tío Carlos décréta :

– Dernière répétition demain matin. La procession des Saints a lieu à 18 heures. Esteban, Luz, on va demander à Tía Remedios de vous préparer des uniformes. En tout cas, c'était très bien, Luz !

Un peu enivrée, les lèvres fourmillantes d'avoir tant soufflé dans son instrument, Luce sortit de la petite église blanche avec une sensation de triomphe. *Maman, si tu me voyais…*

– On va boire un pot ? Montons jusqu'à Capileira ! lui proposa Esteban. C'est à deux kilomètres.

Ce pays n'avait qu'un défaut, il était… vertical. Deux kilomètres, avait dit Esteban, certes, mais deux kilomètres d'une méchante côte, heureusement ombragée.

Capileira était un coquet village avec ses maisons forcément peintes à la chaux, croulant de fleurs, ses étals de bazars touristiques, ses terrasses de café bienvenues. Ils arrivèrent sur la place de l'église. Ici comme à Bubión, le clocher était très élevé. Le minaret de l'ancienne mosquée, expliqua son compagnon.

– Sais-tu, dit-il en la pilotant vers une table du bistrot *El Tilo*, que lorsque les derniers Maures furent chassés de la Alpujarra, on amena ici pour les remplacer des gens de toute l'Espagne ? Des Basques, des Galiciens… Mais on autorisa une famille maure à rester dans chaque village, pour transmettre les savoir-faire d'irrigation, de culture et de construction…

Luce éclata de rire.

– Jamais j'aurais pu imaginer que je sortirais un jour avec un guide touristique !

Le garçon, mortifié, fronça les sourcils avant de lui lancer un regard entendu.

– Au moins, je te fais voir du pays !

Les yeux sombres la défiaient, facétieux, la bouche sensuelle s'étirait en un sourire moqueur. La jeune fille mit une petite tape sur une main qui s'aventurait entre ses genoux. Ce petit jeu aurait pu se prolonger, si Luce ne s'était rappelé la raison de leur présence à Capileira.

– Il faut qu'on se renseigne sur le monastère. Si c'est une secte, on va avoir du mal à parler avec ma mère…

Mais toutes les questions qu'ils posèrent autour d'eux aboutirent à la même réponse : non, on ne connaît pas ces gens. Ils vivent là-bas, à deux heures de marche à pied. Ils viennent juste faire des courses. Une Française avec eux ? Difficile à dire… Une femme petite, avec les cheveux rasés ? Ah oui… On l'a vue une ou deux fois. Elle est toujours accompagnée de deux moines. Ça fait drôle.

Là s'arrêtaient les informations. Luce ne pourrait pas s'engager dès le lendemain dans l'ascension pour retrouver sa mère, la journée serait bien trop occupée par les répétitions et la procession qui suivrait.

Quand ils revinrent à leur gîte, ils furent obligés de passer devant trois vieilles femmes assises sur des sièges à l'ombre d'une tonnelle.

Hors d'âge, tout habillées de noir, elles toisèrent les amoureux sans indulgence. Les éventails redoublèrent d'activité quand Luce dit gentiment bonsoir. La plus âgée les fusilla du regard. Les deux jeunes gens s'engouffrèrent dans la maison et refermèrent la porte avec soulagement.

– Ici, on les appelle le « tribunal de l'Inquisition », expliqua Esteban en l'enlaçant. Elles vont toujours par trois, dès que le soir tombe, sur cette place. Elles sont interchangeables, immortelles et irrémédiablement hostiles à toute forme de jeunesse. Elles propagent tous les potins qui circulent derrière les éventails. On les retrouve dans tous les villages. Comme les Parques, elles tricotent le destin des gens dans leur dos. C'est une sorte de chœur antique.

« Il ne faut pas en tenir compte, chantonna-t-il en faisant glisser les bretelles du petit débardeur de Luce, elles n'ont aucun pouvoir ! Leur mine réprobatrice n'a jamais empêché les jeunes filles de rejoindre leurs *novios* derrière le lavoir, ni tant de bébés de naître prématurément… Nous avons de la chance : celle du milieu est *abuelita* Amparo. Elle préférera se faire tuer plutôt que de reconnaître que son arrière-petit-fils est un *sin vergüenza*[58]…

– Et pourtant, si elle savait… soupira Luz en enjambant la jupe qui gisait en corolle sur le carrelage. La dévergondée, c'est moi… et je ne me sens même pas coupable !

58. Sans vergogne.

24

Vêtue d'un uniforme rouge et blanc impeccablement repassé, les cheveux attachés avec un ruban du même rouge et un mini-pupitre fiché sur sa clarinette, Luce attendait avec les autres musiciens que les Saints sortent de l'église.

Esteban lui avait expliqué le déroulement de la cérémonie : San Sebastian et San Anton, les patrons de Bubión – en l'occurrence deux statues richement ornées –, devaient faire le tour du village, portés par quelques robustes paroissiens. La fanfare leur emboîterait le pas en exécutant des cantiques et la procession des fidèles suivrait.

Luce était morte de peur. Et si elle faisait une fausse note ? Elle n'avait jamais joué en marchant, et ici les ruelles étaient raides. Comment souffler dans un instrument aussi difficile que la clarinette dans ces conditions ?

Elle ne connaissait personne et, pourtant, elle se sentait abominablement exposée aux regards. La foule endimanchée se pressait sur la place du village. Des effluves d'eau de Cologne et de beignets alourdissaient l'air pur de la montagne. Soudain, un crépitement de pétards se fit entendre. La rumeur s'amplifia, s'organisa en prières. Ballottant sur son socle doré, le visage blafard de San Sebastian – yeux révulsés, lèvres rouges, poitrine transpercée de dix flèches – émergea au-dessus de l'assemblée. San Anton, tout de brun vêtu et le teint cireux, oscillait à sa suite.

San Anton, San Sebastian… Tibaldo les invoquait souvent.

Dressé de toute sa petite taille, Tío Carlos donna un coup de baguette impérieux, et la *banda* s'ébranla en rythme, chaque pas scandé par les tambours qui marchaient à l'avant. Esteban fit un clin d'œil à Luce. Un mouvement de menton, et ils commencèrent à l'unisson le premier morceau.

En réalité, ce n'était pas aussi difficile qu'elle l'avait craint. Le cortège allait lentement, la musique aussi et on faisait de longues pauses entre deux cantiques. L'air était saturé de l'odeur de poudre des pétards. Un sentiment aigu d'étrangeté envahit la jeune fille. Depuis son arrivée dans la *cueva* de Lola, Luce s'était à plusieurs reprises posé la question : « Qu'est-ce que je fais là ? » Et de même, ici, était-ce vraiment elle qui trépignait en cadence, et soufflait dans cette clarinette qu'elle avait pourtant juré de ne plus jamais toucher ? Mais comment aurait-elle pu imaginer aussi qu'elle prendrait un jour des cours de clarinette avec ce beau brun séducteur, comme s'il n'avait jamais attendu qu'elle au mirador de San Nicolas ? Et tout ce bonheur, ce bonheur dans les bras d'Esteban !

Le souvenir fugace de sa bande de copains gothiques lui fit rater une mesure. S'ils la voyaient, ça les rendrait fous… Et pourtant quoi de plus *gore* que l'effigie de ce saint Sébastien, extatique, agonisant, que l'on trimballait de rue en rue au son des trompettes et des tambours ?

La liberté qu'elle avait si durement revendiquée cet hiver, Luce aurait juré qu'une fée malicieuse la lui avait accordée ici, assortie de quelques à-côtés fantasques. Maintenant, ce que souhaitait la jeune fille par-dessus tout, en s'époumonant avec enthousiasme sous le regard amusé d'Esteban, c'était que cela ne s'arrête pas. Pas tout de suite, oh non, que ça ne s'arrête pas. Jamais.

Au sein de la procession, certaines paroissiennes avançaient pieds nus pour expier sans doute quelque péché secret ou pour honorer un vœu imprudemment proféré dans le courant de l'année. Le cortège s'étirait sur plusieurs centaines de mètres, s'enroulait au long des ruelles du petit village. Des grands-mères impotentes, tout de noir vêtues, guettaient le passage des Saints de leurs fenêtres ouvertes. On devinait que tout serait consigné dans le registre redoutable de leur mémoire, depuis la tenue tapageuse de doña Jimenez, cette traînée, qui pouvait bien marcher pieds nus une fois par an pour payer les cornes qu'elle mettait à son mari, jusqu'aux regards énamourés que se jetaient le neveu de Carlos et cette Francesita, pâle et lumineuse comme un clair de lune sur la sierra.

Luce perdait peu à peu conscience du lieu où elle se trouvait. La fatigue, le léger manque d'oxygène dû à l'altitude, le fait de souffler depuis plus d'une heure dans sa clarinette la même suite d'airs traditionnels, l'incongruité de la situation... Tous ces éléments réunis l'enivraient légèrement. Elle se laissait porter par la musique, le martèlement sourd des tambours, l'éclatement des cuivres dans ses oreilles.

L'impression d'être observée lui fit tourner la tête vers un angle de la rue.

Son cœur fit un saut dans sa poitrine. Lunettes noires sur les yeux, foulard étroitement noué sur son front pâle, Inès était là, immobile. Un sourire énigmatique flottait sur son visage triangulaire. Elle paraissait irréelle au milieu du bruit et de la gaieté pieuse de la procession.

Luce s'arrêta de jouer, elle cria de toutes ses forces :

– Maman !

Esteban, surpris, se tourna dans la direction que Luce lui montrait. Tío Carlos lui fit un signe impérieux de la main. Les musiciens derrière la jeune fille continuaient d'avancer. Elle était obligée de marcher... Dès qu'elle put, elle se retourna, mais il n'y avait plus personne au coin de la rue. Ou tout du moins, Inès n'était plus là.

*

– Bon, Luz, c'est dommage de ne pas avoir pu lui parler, mais au moins tu es certaine de ne pas être sur une fausse piste. J'avais vu juste, ta mère est bien ici.

– Elle a fait comme si elle ne me reconnaissait pas. Elle est dans cette secte. J'en suis sûre. Ne ris pas, elle vit tout avec excès. À chaque fois, elle endosse son rôle à fond. Elle est capable d'aller jusqu'au bout... Peut-être qu'ils l'affament, qu'ils la retiennent prisonnière...

Esteban, allongé sur le lit, lui souriait, nonchalant.

– Si j'en crois ce que tu m'as raconté, elle est plutôt… coriace ! Elle a même réussi à se libérer de la drogue. Ne t'inquiète pas tant. Demain, tu auras l'explication. Arrête de t'agiter, viens donc que je te console…

Luce s'assit au bord du lit. Par la fenêtre, elle apercevait les nuages légers qui se teintaient de mauve, les montagnes violettes. Un oiseau traversa le ciel lilas. C'était si beau, si terriblement fragile et fugace, ce basculement du paysage dans la nuit. Luce soupira. Elle posa les yeux sur le magnifique jeune homme qui lui souriait, les deux mains nouées derrière la tête. Et lui, devrait-elle y renoncer ?

– Elle m'a vue, j'en suis sûre, et elle s'est enfuie… Elle ne m'aime plus.

Le garçon l'attira à lui. Elle demeura contre sa poitrine, les yeux ouverts, ne parvenant pas à se détendre à la tiédeur du corps de son amant. Esteban enroulait autour de ses doigts les cheveux défaits. Au bout d'un temps, Luce l'entendit murmurer d'une voix sourde :

– Quand on aime trop, parfois, on ne veut pas emprisonner l'être aimé.

Le jeune homme s'ébroua. Il prit Luce par les épaules, la secoua tendrement :

– Ce soir, c'est la fête à Bubión, allons danser, *mi amor*, tu oublieras tes soucis. Je te serrerai contre moi devant toutes les vieilles toupies du village. Ça rendra fous de jalousie les hommes d'ici et ça fera grincer les dents de toutes les *señoritas* qui me sont promises depuis que j'ai 5 ans ! *Mañana será otro día*[59]…

---

59. Demain sera un autre jour (proverbe espagnol).

25

« Tu es sûre que tu ne veux pas que je t'accompagne ? avait demandé Esteban. Alors prends ta clarinette, *amor*, du haut de la montagne, peut-être auras-tu envie de jouer pour moi... »

Luce referma son sac à dos. Elle y avait glissé une gourde d'eau fraîche, un léger pique-nique et calé avec soin l'étui de son instrument. Il était 7 heures du matin, le jour se levait à peine, mauve et brumeux, sur la vallée magique. Leur nuit avait été bien courte.

*

Pourquoi ne pas l'avouer ? Elle s'était magnifiquement amusée. Ils avaient dansé jusqu'à 3 heures sur la place du village parmi les villageois déchaînés, sous les encouragements d'un « chauffeur d'ambiance » redoutable. Sur la scène, ses deux choristes boudinées dans des combinaisons rose bonbon résolument sexy trémoussaient leurs popotins en roulant des yeux aguicheurs. Luce n'était pas près d'oublier le BUBIÓN, BUBIÓN, BUBIÓN chanté sur l'air des lampions, que les Andalous scandaient avec entrain, toutes générations confondues. Et le rire d'Esteban, son sourire étincelant de pirate, lui avaient fait espérer follement que le temps s'arrête, là, dans cette nuit andalouse. Que jamais ne finisse ce *pasodoble* virtuose, la musique éclatante et brouillonne, l'odeur des beignets, le brouhaha des exclamations espagnoles, le rire ébréché des vieilles, les échanges langoureux des jeunes. Et le temps s'était suspendu vraiment, foule oubliée, ils dansaient maintenant, à jamais, un slow très doux, presque immobile, corps soudés, lèvres unies.

Plus tard, ils avaient marché dans les rues sombres, puis bavardé à mi-voix en regardant les étoiles sur leur terrasse. La lune se levait ronde et blanche sur la montagne. Ils la contemplèrent, le cœur serré, écrasés par la fragilité de leur bonheur. Ils parlèrent d'avenir, à tâtons, la voix tremblante d'anxiété, avec pour seule certitude qu'ils ne voulaient pas, oh non, ils ne voulaient pas que ça s'arrête. Luce devait passer son bac, mais lui, ne pouvait-il pas décrocher une bourse et s'installer en France ? *Quién sabe*… Tant de choses dépendaient de la rencontre avec Inès, le lendemain…

Luce avait frissonné, autant de chagrin que de froid, alors ils étaient rentrés. Dans le silence retrouvé de leur chambre, les yeux intenses et sombres d'Esteban ancrés dans les siens, il lui avait fait l'amour. Souffles heurtés, mots tendres balbutiés en deux langues, soupirs accordés aux gémissements de l'antique sommier. Et le feu qu'il attisait en elle avait chassé sa tristesse, s'était propagé à leurs corps enfiévrés. Ils s'étaient rejoints tout à fait, unis, soudés, confondus, ensemble suffoqués de la même convulsion de bonheur.

*

L'air était frais au petit matin. Luce s'engagea sur la route goudronnée. Très vite, lui avait-on expliqué, elle trouverait un sentier sur la droite qui montait vers le monastère. « Montait » était le terme. À part une échelle, elle ne voyait guère ce qui pouvait grimper autant. Le chemin serpentait entre les châtaigniers et les fougères. Déjà l'on percevait quelque chose de l'automne dans la lumière dorée qui faisait miroiter la rosée sur l'herbe tendre, dans les vagues exhalaisons de champignons et d'humidité que le vent léger soulevait.

Là-haut, je saurai, pensa Luce. *Elle n'aura pas la cruauté de me fuir encore…* L'appréhension lui fit accélérer le pas, les mots se heurtaient dans sa tête au rythme de la marche.

Maman, j'ai changé. Maman, reviens ! Maman, Maman, Maman… Maman, j'aime quelqu'un, vraiment je l'aime comme je ne croyais pas que c'était possible. Il est beau, doux et il m'enflamme tout entière, rien qu'en posant sa main sur mon bras. Maman, et toi, as-tu connu ça ? Moi, je voudrais que ça dure toute ma vie, Maman, je marche et déjà mon corps le réclame… Depuis ton départ, je n'ai pas fait de bêtises, et j'ai appris beaucoup… Je comprends, maintenant, ce que tu as ressenti à la mort de Papa. Le lit désolé, plus de bras qui t'entourent et t'enserrent et t'empêchent de tomber… Je sais ce que c'est maintenant, ces bras qui vous rendent forte et libre… Quand tu as cru retrouver d'autres bras pour te bercer, je me suis mise au milieu, Luce petite punaise, avec mes pipis au lit, mes cauchemars, mes caprices de bébé vampire… Maman, je suis venue te dire qu'il t'aime encore,

Didier, et qu'il n'est pas trop tard... D'ailleurs, ils t'aiment tous, tu pourras choisir. Moi je n'en ai qu'un, c'est le plus beau, Maman, si tu savais comme c'est bien...

Les kilomètres défilaient, lacet après lacet. Le paysage se dépouillait. Aux terrasses herbeuses du début, aux châtaigniers et aux pins, se substituait une végétation rase de thym odorant, d'herbes rêches et d'immortelles dorées qui se dressaient entre des cailloux couverts de lichen. Dans la nudité sereine de ce panorama, on pouvait discerner les flancs d'une montagne que seul animait par instants l'éclat roux d'un troupeau de chèvres.

Luce marchait d'un bon pas. L'ascension l'avait à la fois apaisée et purifiée. Elle croisa le chemin d'un canal d'environ un mètre de large. Une de ces fameuses *acequias*, construites par les Maures, des siècles auparavant. L'eau limpide et peu profonde coulait sans hâte sur un lit de pierres poli par le temps. Le ruban scintillant enlaçait tendrement les flancs de la sierra. On le distinguait plus loin, qui soulignait d'un bleu soutenu la pente pelée.

Luce s'arrêta au milieu de cette nature belle à mourir. Il lui semblait être seule au monde. Elle but une gorgée d'eau, se mouilla la nuque. Elle marchait depuis plus de deux heures. Tout là-haut, elle aperçut un promontoire, des drapeaux colorés claquant au vent en guirlandes. Une coupole blanche se détachait sur l'azur du ciel. *J'arrive*, pensa-t-elle en reprenant son sac.

26

– Comment ça, ce n'est pas possible de la voir ?

L'homme en tunique grenat qui était campé près du centre bouddhique secoua la tête lentement.

– *No*.

– Mais dites-lui au moins que je suis là, je suis sa fille !

– *No*.

Luce hésita. Certes, elle pourrait crier, hurler, Inès apparaîtrait… N'avait-elle pas toujours fait ainsi auparavant ? Un enfant appelle, la mère surgit, c'est évident et naturel. Mais précisément, Luce ne devait-elle pas renoncer à ces attitudes puériles ?

Elle ne voulait pas brusquer Inès, ne rien lui imposer. Simplement, Luce avait besoin de la voir, de lui parler, et même de poser son front sur son épaule. Refermerait-elle alors les bras sur sa fille comme quand celle-ci était petite et qu'elle avait besoin d'être consolée ?

Tête basse, Luce reprit le sentier dans le sens de la descente. D'après ce qu'elle avait compris du sbire antipathique, les gens qui venaient ici signaient une sorte de contrat. Aucune visite n'était autorisée pendant la retraite. Plus de doute, ce devait être une secte…

Comment la tirer de là ?

Une centaine de mètres plus loin, elle avisa un raidillon qui serpentait le long de la palissade. Sans doute d'autres promeneurs avaient-ils tenté de pénétrer à l'insu des moines en contournant l'accès principal. Après tout, qu'est-ce qui l'empêchait d'essayer ? Le sentier sinuait à flanc de montagne. Il prenait ses distances avec la clôture, se stabilisait une dizaine de mètres plus bas. Très vite, il rejoignait le canal qui glissait en silence sur son lit de pierres plates. La vallée en contrebas, le flanc des sierras brunes et pentues, les cimes enneigées au loin. En d'autres circonstances, la promenade aurait été magnifique. Au-dessus de Luce, les guirlandes de drapeaux de prière dansaient dans la brise légère. C'était beau à couper le souffle. Elle suivit un moment la petite *acequia*. Le chemin était abrupt, il n'y avait presque plus d'espace à côté du canal. Elle se déchaussa et l'eau enserra ses mollets d'une étreinte glacée. Ses chevilles devinrent insensibles, ses orteils blafards glissaient sur le fond. Le sentier semblait faire le tour du monastère, car lorsqu'elle leva la tête, les bâtiments étaient toujours à la même distance.

Il ne fallait pas qu'elle regarde en bas. Elle marchait sur un surplomb rocheux, entre ciel et terre, les pieds dans un courant gelé qui lui brûlait la peau, les épaules mordues par le soleil. *Qu'est-ce que je fais là ?* La question ne se posait plus, ce pèlerinage insensé avait pris l'allure d'une nécessité absolue, elle devait surmonter sa peur de glisser, de dévaler la pente, la douleur de ses pieds meurtris, parce que, au bout, peut-être retrouverait-elle sa mère.

Un peu plus loin, l'arête rocheuse s'évasa en une étroite esplanade, l'*acequia* disparut dans un goulet creusé dans la montagne. Le sentier se terminait là.

Luce posa son sac.

Debout sur le promontoire, face au vide, elle soupira. Des gens compatissants avaient disposé deux ou trois grosses pierres en guise de bancs. Elle s'assit. Immobile, bleuté, le paysage l'aspirait. Au loin, les trois villages de la vallée agrippaient leurs petites maisons blanches au bord du vide. Panpaneira, Bubión, Capileira… Capileira… Maman.

La déception qu'elle avait réussi à refouler jusqu'à présent lui bloquait la gorge. Elle se rendit compte qu'elle pleurait aux larmes froides qui mouillaient son cou. C'était perdu. Inès ne reviendrait pas. Elle ne voulait pas la voir. Ne serait-elle pas restée, ne lui aurait-elle pas fait un signe hier, pendant la procession ? Luce était sûre que sa mère l'avait vue. Elle ne l'aimait plus.

Inès reprise par la drogue, ou victime d'une secte ? Non, pourquoi chercher si loin ? Une fois de plus, tout simplement, Agnès Morian avait tourné la page. Elle s'était coupé les cheveux et elle avait abandonné sa fille, comme elle quittait tout ce qui lui faisait du mal.

Un sanglot étouffa la jeune fille. C'était la faute de Luce, elle n'avait jamais eu le pouvoir de consoler sa mère. Elle n'y était jamais arrivée. Inès et son malheur énorme, qui laissait sa petite fille cœur battant, lit mouillé. Et si…

si elle allait mourir, elle aussi ? Cette terreur ne l'avait jamais quittée depuis le décès de son père. Des années seule avec Maman, à refuser toutes les invitations de peur de la peiner, des étés rongée de trouille à attendre, en colo, le courrier qui tardait. Des éternités attelées l'une à l'autre comme deux mules solidaires traînant leur solitude et leur chagrin. Luce ne voulait pas la laisser, Luce pleurait quand sa mère avait décidé de sortir, Luce enfant à problèmes… C'est Luce qui avait englué Inès dans ce fatras de contraintes, d'inquiétudes mortifères, en croyant la protéger…

Mais quand, à l'adolescence, Luce avait voulu vivre sa propre vie, quand elle s'était enfin reconnue dans un groupe d'amis, quand elle s'était mise à jouer à la mort en s'habillant tout en noir, en perforant sa chair d'anneaux et de bijoux, en s'enivrant de musique métal, quand elle avait redressé la tête pour dire enfin non à sa mère… celle-ci avait disparu. Pour de vrai. Mais comment Luce aurait-elle pu deviner que son appartenance gothique était autant de rappels du passé de chanteuse punk de sa mère, de son adolescence gâchée, de son enfance maltraitée ?

Luce ouvrit son sac. Elle avait besoin de se moucher, elle avait soif, elle avait faim, elle avait mal. Sa main heurta le plastique dur de l'étui de sa clarinette.

« La clarinette est ta meilleure amie », disait Inès. De son passé, elle n'avait d'ailleurs gardé que la musique, comme un rappel de la tendre bonté de Tibaldo, et elle avait voulu en faire un talisman pour sa fille. « Toute ta vie, elle t'aidera. » Et Esteban lui avait permis de comprendre ce que voulait dire Inès. Peut-être le son de la clarinette pouvait-il s'envoler jusqu'à sa mère ? Au risque qu'il fasse surgir une bande de moines furieux de voir troublée la tranquillité du lieu ? Luce regarda les tubes d'ébène et de métal qui reposaient sur le velours bleu. Jouer ici, pour l'amour d'Esteban. Pour Inès. Pour la vie.

Déjà la clarinette était montée. Luce passa la langue sur ses lèvres, et émit un *la* grave prolongé, qui sembla s'amplifier contre la paroi abrupte. Elle ferma les yeux.

Sous ses doigts, naturellement, s'installèrent les premières notes de l'allegro du concerto de Mozart. Ses poumons se gonflaient de l'air limpide de la Alpujarra, faisaient cheminer à travers le corps d'ébène toute la pureté sans concession des montagnes. La musique la guida. Le son glissa contre les flancs de la Sierra Nevada, caressa le frais filet d'eau, s'envola vers la vallée, remonta vers les drapeaux qui claquaient au vent avant de se perdre dans le soleil. Elle ouvrit les yeux, emplit son regard de la Alpujarra alors qu'un orchestre invisible résonnait dans sa tête, l'accompagnait, emportait tous les chagrins, la laissant douce et légère comme un duvet d'oiseau.

Des larmes sinuaient sur ses joues, mais ce n'était plus de la peine, de la déception ou de la rancœur, c'était la beauté douloureuse de cet instant. Sa mère ne viendrait pas. Sans doute Inès avait-elle encore besoin d'être seule. Il fallait le respecter. Si, à Grenade, Inès avait trouvé une sorte de bonheur, ici elle s'était reconstruite, ici de nouveau elle s'était sans doute abandonnée à l'exil d'elle-même, comme le disait Tibaldo. Elle se régénérait sûrement, elle reviendrait plus forte, quand elle le jugerait bon…

Luce jouait. Elle avait perdu toute notion de temps et de lieu. Son buste oscillait imperceptiblement, les notes jaillissaient, lumineuses et vivantes. À chaque inspiration, l'air cruel de la Alpujarra l'allégeait, irriguait son corps comme cette *acequia* apportait l'eau de la sierra aux beaux jardins de l'Alhambra.

Puis les dernières mesures s'égrenèrent sous ses doigts. Le silence se fit de nouveau. Contemplative, Luce resta en suspens, la clarinette contre son cœur. Elle s'imprégnait des chaînes de montagnes bleutées et du miroitement lointain de la mer. Pourquoi redescendre ? Demeurer ici à jamais, pierre parmi les pierres… Le doux regard d'Esteban s'imposa. *Ay amor, tu as réparé et mon âme et mon corps !*

Elle reviendrait avec lui. Ils joueraient ensemble face à la Alpujarra. Ils joueraient comme ils faisaient l'amour, sans faux-semblants ni lâcheté. Il l'attendait. Avec lui, elle trouverait une solution pour rencontrer Inès. Elle nettoya son instrument, le rangea soigneusement dans son étui. En se retournant pour attraper son sac à dos, elle releva la tête.

Assise sur ses talons à deux mètres d'elle, Inès lui souriait.

Luce, la gorge serrée, contempla sa mère. Maintenant qu'elle l'avait en face d'elle, les mots ne sortaient plus. Une amertume tenace luttait en elle contre le bonheur de la retrouver. *C'est quoi, cette allure d'ascète, ces traits tirés, ce crâne luisant ?* Inès attendait. Des larmes coulaient sans retenue sur ses joues pâles. Elles scintillaient au soleil brûlant, traçaient un chemin brillant sur le visage nu.

– Merci.

La voix était rauque, le regard fiévreux.

– Tu es belle, ma fille.

Luce la dévisageait, incapable de parler, partagée entre le soulagement et une terreur qui grandissait en elle, sans qu'elle sache pourquoi.

Ainsi, tout ce temps, Inès était ici, perchée au milieu de nulle part, alors que sa fille se débattait avec les difficultés du quotidien.

– Tu m'en veux, n'est-ce pas ? Pardonne-moi... Je devais m'éloigner.

Luce fit non de la tête, sourcils froncés.

– C'est moi qui devrais te demander pardon...

Mais en prononçant ces mots, Luce balançait entre l'envie de pleurer et celle de fuir. *Tu as voulu connaître son secret, va falloir assumer maintenant.*

Le visage d'Inès était impassible, comme si elle avait atteint le degré ultime du dépouillement. Il y avait en elle quelque chose d'étranger, de farouchement autre. Ses yeux immenses dévisageaient Luce, ne faisaient montre d'aucune tendresse, comme s'ils avaient côtoyé l'effroi et en avaient gardé la trace. Sans ciller, Inès soutenait l'examen de sa fille dans l'attente d'une question qui ne venait pas. Qui viendrait.

Soudain, Luce sentit un poids écraser sa poitrine. Elle venait de réaliser ce qui la troublait. D'une voix hésitante, elle balbutia :

– Qu'est-ce que tu as fait de tes sourcils, et de tes cils... Maman ?

Mais elle connaissait déjà la réponse. Son cœur s'emballa sous l'effet de la révélation.

Ce n'était pas une lubie qui avait poussé Inès loin de sa maison et de son travail adoré. Ce n'était pas le rejet de sa fille, ni un bébé à mûrir en secret. Ce n'était ni la drogue ni une secte. C'était quelque chose de plus dangereux encore, quelque chose de mortel qui avait pris sa mère entre ses pinces et qui ne la lâcherait pas sans combattre.

En un éclair, Luce se souvint du post-scriptum de la lettre qu'elle connaissait par cœur :

… *Alors, si par malheur, il arrivait qu'un kangourou ou qu'un crabe me grignote dans ce pays sauvage, sois bien persuadée que je te sais forte, capable de vivre une belle vie, car tu es douée pour le bonheur.*

Un crabe…

Ainsi, ce n'était pas elle qui avait sacrifié sa chevelure, mais la vie qui la lui avait ôtée comme tribut de sa survie. Car, une fois de plus, Agnès Morian devait se battre. Ne pouvant se permettre de gaspiller ses forces en escarmouches dérisoires avec Luce, elle était partie, laissant derrière elle des indices, des garde-fous, pour que sa fille puisse avancer et peut-être se préparer à l'inacceptable. Et elle s'était réfugiée dans ces sierras qui l'avaient sauvée il y a longtemps.

Inès ne parlait toujours pas, mais son regard disait : « Oui, c'est ça, tu as compris, ma douce. »

Luce s'approcha. À genoux face à sa mère, elle la regarda dans les yeux.

Pauvre, pauvre petite Maman, si seule, toujours, à lutter, à reconstruire, tenace, le même édifice fragile de ta vie menacée.

– Tu te soignes ? Dis, tu te soignes ?

– *Il* ne m'aura pas comme ça. Le traitement donne de bons résultats.

Alors, Luce fit ce qu'elle n'aurait jamais imaginé possible il y a seulement quelques mois. Elle prit sa mère dans ses bras, et la joue posée sur le crâne nu, elle la berça contre sa poitrine. Dans son cou, la tiédeur du souffle ténu, sous ses mains, les épaules osseuses qui déchiraient le cœur, la frêle carcasse convoitée par la mort. C'était doux de la sentir là, tiède et vivante, elle qui avait tout donné, même son absence, pour permettre à sa fille d'apprendre la liberté.

Ah ça, non, le cancer ne la lui prendrait pas. Luce saurait la défendre. Il y avait tant de choses encore à vivre !

Alors, l'adolescente entreprit de raconter le chemin parcouru, les gens rencontrés, les obstacles franchis. L'épisode Léo-Moony était loin, la douleur écrêtée, elle pouvait même sourire en l'évoquant avec sa mère. Phrase après phrase, elle lui restitua Tantine Suzanne et ses poussins, les « hé hé » de Fred Bilster, le regard pensif de Mad Loulou, la moue ironique de Didier, l'amitié indéfectible de Titi. Tout en parlant, Luce sentait la souffrance des mois de guerre s'éloigner. Tous l'aimaient, tous l'attendaient, tous conservaient comme un trésor un fragment de la vitalité bouleversante d'Inès. Personne ne l'avait oubliée. Il fallait qu'elle leur fasse confiance. Ils uniraient leurs efforts et leurs talents pour la guérir.

Luce et Inès se sourirent.

Oui, ensemble, elles feraient de la musique.

Du même auteur,

dans la collection Blue Cerises

blue Cerises Octobre

Maryvonne Rippert

**Quatre ados,
quatre amis,
quatre histoires,
un seul secret.**

Octobre. Les vacances. Pour Zik, ça commence sur le toit de son immeuble pour finir dans une cave, dans un hallucinant concert de rock. Entre nulle part et demain. Et avec des musiciens d'avant-hier. Spécial.

4 €

9 782745 937230
ISBN : 978-2-7459-3723-0

www.editionsmilan.com
www.bluecerises.com

blue Cerises
Zik
l'ange des toits
MACADAM
MILAN

blue Cerises Novembre

Maryvonne Rippert

Sigrid Baffert
Jean-Michel Payet
Cécile Roumiguière

**Quatre ados,
quatre amis,
quatre histoires,
un seul secret.**

Novembre. Pour Zik, une obsession : trouver une solution pour qu'Amos ne parte pas. La folle nuit passée avec lui n'allège pas le cœur de la jeune fille. Elle cache un secret aux blue Cerises, un secret qu'elle n'ose pas leur avouer. Et puis, incroyable hasard, Olivia semble resurgir du passé...

www.editionsmilan.com
www.bluecerises.com

SAISON 2

4 €

ISBN : 978-2-7459-3920-3

Couverture : Graphicat

blue Cerises
SAISON 2
zik
ya pas photo
MACADAM

Et retrouvez toute la collection

Blue Cerises...

blue Cerises

Saison 1

Octobre

Amos : Cibles mouvantes
Satya : L'attentat
Zik : L'ange des toits
Violette : L'amour basta !

de Sigrid Baffert

de Jean-Michel Payet

de Maryvonne Rippert

de Cécile Roumiguière

blue Cerises

Saison 2

Novembre

Satya : La faute à Voltaire
Violette : Ciné ciné cinéma
Zik : Yapasphoto
Amos : Rôde movie

de Jean-Michel Payet

de Cécile Roumiguière

de Maryvonne Rippert

de Sigrid Baffert

Achevé d'imprimer en Italie par Canale
Dépôt légal : 4e trimestre 2011